स्मृति-आख्यान

दिल्ली में उनींदे

लेखक की कृतियाँ

कविता-संग्रह

एक दिन लौटेगी लड़की (1989)
अँधेरे में बुद्ध (1996)
यह आकांक्षा समय नहीं (1998)
थपक थपक दिल थपक थपक (2003)
मैं जब तक आई बाहर (2018)
प्रतिनिधि कविताएँ (2023)

यात्रा-वृत्तान्त

अवाक् (2008)

स्मृति-आख्यान

दिल्ली में उनींदे (2000)
इत्यादि (2019)

साहित्यिक निबन्ध

देह की मुँडेर पर तथा अन्य निबन्ध (2019)

अनुवाद-सम्पादन

जंगल में झील जागती : हरिभजन सिंह की प्रतिनिधि कविताएँ (1989)
देवदूत की बजाय कुछ भी : ज़्बीग्निएव हेबैर्त की कविताएँ (2022)
तेजस्विनी : अक्का महादेवी के वचन (2023)

दिल्ली में उनींदे

गगन गिल

राजकमल प्रकाशन

पहली बार **राजकमल** से 2000 में प्रकाशित

ISBN : 978-93-6086-191-9

मूल्य : ₹795

पुनर्नवा संस्करण : जुलाई, 2024

प्रकाशक : राजकमल प्रकाशन प्रा. लि.
1-बी, नेताजी सुभाष मार्ग, दरियागंज
नई दिल्ली-110 002

शाखाएँ : अशोक राजपथ, साइंस कॉलेज के सामने, पटना-800 006
पहली मंजिल, दरबारी बिल्डिंग, महात्मा गांधी मार्ग, प्रयागराज-211 001
1, अनमोल सोराबजी सन्तुक लेन, धोबी तलाव, मरीन लाइंस, मुम्बई-400 002

वेबसाइट : www.rajkamalprakashan.com
ई-मेल : info@rajkamalprakashan.com

मुद्रक : विकास कंप्यूटर एंड प्रिंटर्स
ट्रॉनिका सिटी-201 102

DILLI MEIN UNINDE
Belles-Lettres by Gagan Gill

दारजी के लिए
वह जहाँ कहीं भी हैं...

क्रम

कुछ शब्द

रात को नींद नहीं आती थी। आवाज़ें सुनाई पड़ती थीं। दूर सड़क पर जाती बैलगाड़ियों की चूँ-चूँ...सो रहा गाड़ीवान दूर से दीखता। गाड़ी के नीचे डोलती हुई लालटेन। बैलों का अन्तहीन क़ाफ़िला नई फ़सल लेकर जैसे नींद में कहीं जा रहा होता...

मैं उन्हें घर की छत से देखती थी। सात या आठ या नौ की उम्र में। सरकारी मकान के दुमंज़िले से। परिवार के शेष जन वहीं चारपाइयों पर सोए हुए होते। मुझे पता भी न चलता, कब मैं अपने बिस्तर से उठी और मुँडेर तक पहुँच गई।

तब यह ज्ञान नहीं था, कि मैं बच्ची हूँ, कि यह बचपन है। समय का छोटा-सा एक फाहा था, जिस पर मैं तिरती रहती थी...फिर एक रात मैं छत की मुँडेर पर गई। काफ़ी देर अँधेरे में देखती रही। न कहीं वे निद्रारत बैल थे, न उनके सींगों से बँधी घंटियाँ...तब मैंने जाना, बड़ा होना क्या होता है। बचपन का अँधेरा और उनींद वही रहते हैं, उसे भरने वाली आवाज़ें कहीं चली जाती हैं...

ଓ

यह जगत् कितने विरोधी तत्त्वों से बना है। कुछ ऐसे, जैसे एक का होना काफ़ी न हो। उसे नष्ट करने के लिए, उस संहार में से एक बिलकुल दूसरा कोई तत्त्व निकालने के लिए उसका विलोम ज़रूरी हो। युवा हूँ, तो बच्ची नहीं हो सकती। वृद्धा होऊँगी, तो यह नहीं रह पाऊँगी, जो अब हूँ...

इस पृथ्वी के एक जीव के नाते मेरे पास ठोस की जकड़ है और वायवीय की माया। नींद है और जाग है। सोए हुए लोग जागते हैं। जागते हुए लोग सोने जाते हैं। लेकिन कुछ ऐसे भी हैं—जो न इधर हैं, न उधर। वे प्रायः नींद से बाहर और स्वप्न के भीतर होते हैं। उनींदे...

मैंने स्वयं को अधिकतर यहीं पाया है—नींद के हाशिए पर। शायद इसीलिए मेरे लिए वह—जिसे हम इस संसार में अपना होना कहते हैं—सब गड्ड-मड्ड है। कभी यथार्थ मेरी चेतना को पोंछ कर साफ़ करता है, कभी स्मृति मेरी दुनिया का आईना धुँधला...जो लोग अक्सर तारों से बातें करते हैं, या स्वयं से—उन्हें सुनने कौन आता है?

उम्र के इस पड़ाव पर पहुँचकर मैंने पाया है—जिनसे हम बात करते हैं, वही हमें सुनने आते हैं। भले वे हमसे कितनी दूर क्यों न हों! जैसे तारे...

क्या यह मैं हूँ? कविताओं वाली मैं? मैं नहीं जानती। बस इतना जानती हूँ, जब कविता लिखती हूँ, गहरे जल में होती हूँ और तैरना नहीं आता। किस हाल में कौन किनारे पहुँचूँगी—बचूँगी या नहीं—सब अस्पष्ट रहता है। किसी अदृश्य के हाथों में।

लेकिन गद्य लिखते हुए मैंने स्वयं को किनारे पर खड़े हुए पाया है। मैं—जो बच गई हूँ, जो जल से बाहर आ गई हूँ। हाथों में कीचड़ लगा है, लेकिन कुछ और भी महसूस होता है। मोती है कि पत्थर? या कोई जलजीव, जो मेरे छूनेभर से सिमट गया है, मृतप्राय: हो गया है? जो भी है, हाथ धोकर उसे देखना पड़ेगा।

मैं हाथ धो रही हूँ...

बताइए तो, मेरे हाथ में क्या है?

ख़ाली। सब ख़ाली। छू-मंतर। एक बार सोचा हुआ लिख दिया—तो सब ग़ायब!

लिखना एक ज़िद ही तो है। इससे पहले कि काल तुम्हें ग़ायब करे, तुम स्वयं को ग़ायब करते जाते हो।

देखो, यह मैं हूँ। नहीं हूँ...

दारजी का जन्मदिन
मकर संक्रांति, सन् 2000

—गगन गिल

घर और बेघरी का मौसम

क्या करूँगी यहाँ मैं
अन्धी और अनाथ?
हर कोई देख सकता है यहाँ
हर किसी के पास पिता है...

—मारीना स्वेताएवा

दिल्ली में उनींदे

रोज़ जैसा दिन है। फ़रवरी की शाम। हवा में ठंडक है। मैं अभी-अभी 'स्वाति' से साहित्य अकादमी के कुछ प्रकाशन ख़रीदकर इस सड़क पर पहुँची हूँ। मन्दिर मार्ग पर सड़क सुनसान है। बिरला मन्दिर के बाहर दो-एक ऑटो खड़े हैं।

एक से मैं पूछती हूँ। चलना है? बैठिए, वह कहता है। मैं गिरती पड़ती अपनी किताबें सीट पर जमाती हूँ।

उसे चलने में अभी देर है। उसके शरीर की हरकत में एक अजीब-सी थकान है। वह अपनी सीट के नीचे से निकालकर एक गंदा, उधड़ा, आधी बाँह का भूरा स्वेटर पहन रहा है। धीरे-धीरे। अभी मेरा ध्यान उसके चेहरे की तरफ़ नहीं गया। उसे मैं बाद में देखूँगी। ऑटो के ड्राइविंग आईने में, जिसमें उसकी आँखें और भी धँसी दिखेंगी और चेहरे की हड्डियाँ और भी उभरीं। उसके चेहरे पर भूख और बीमारी के अलावा एक और चीज़ भी दिखेगी। अभी मुझे उसका नाम नहीं मालूम। आने वाले दिनों में मैं उसके लिए बिलकुल सटीक शब्द ढूँढ़ पाऊँगी। लेकिन अभी नहीं। यह बाद में होगा।

वह चलता है। ऑटो चलते ही उसकी खाँसी शुरू हो जाती है। मालूम नहीं, उसे ठंड लग रही है या हम ट्रैफ़िक की दमघोंट के बीचोबीच आ गए हैं। हमने दो मोड़ पार कर लिये हैं, लेकिन न उसकी खाँसी रुकती है, न उसका ऑटो। इसके बाद ही मैं उसका चेहरा देखती हूँ। ड्राइविंग आईने में।

यह खाँसी कब से है? मैं पीछे बैठी पूछती हूँ।

होगी कोई दस-बारह साल से।

किसी डॉक्टर को नहीं दिखाया?

पैसा भी तो चाहिए, उसके लिए!

हमारी बातचीत टूट जाती है। सड़क के दोनों ओर ट्रैफ़िक जा रहा है। सारी दुनिया कार्य-व्यापार में लगी है। रुपये का सिक्का सब को दौड़ा रहा है। किसी के हिस्से में कम, किसी के हिस्से में ज़्यादा...उसका दम फिर फूल रहा है।

आप दिल्ली कब आए थे?

1979 में।

घर कहाँ है आपका?

यही है।

वह मुझे ऑटो के आईने में से देखता है, ज्यों घर आए किसी मेहमान को देख रहा हो।

आपका मतलब है, आप तब से सड़क पर ही हैं?

हाँ।

यानी उसे बिना सोए चौदह साल बीत गए! मैं यह तो बता सकती हूँ, कि वह ग़रीब है, कि उसके पास पूरे कपड़े नहीं हैं, कि वह किसी भी ऐसे व्यक्ति जैसा लगता है जो फ़ाक़े का अभ्यस्त हो। लेकिन बेघर? बेघर तो वह कहीं से नहीं लगता।

आपका मतलब, आप इस तीन फ़ीट लम्बी पिछली सीट पर सोते हैं?

हाँ।

और आपकी चीज़ें?

उन पर आप बैठी हैं...

वह बताता है कि जिस सीट पर मैं बैठी हूँ, उसके नीचे उसका बक्सा है, जिसमें एक कंबल है, एक जोड़ी कपड़े हैं और एक कटोरा है। कटोरा पानी पीने के काम भी आता है और खाना रखने के भी।

आप खाना कहाँ खाते हैं?

किसी भी ढाबे में।

और बाथरूम के लिए?

पब्लिक शौचालय हैं। नहा मैं कहीं भी लेता हूँ, सड़क के किनारे किसी भी नल पर। अक्सर पंचकुइयाँ रोड पर नहाता हूँ। इतवार के दिन। वह जगह ठीक है। वहाँ मेरे जैसे कई लोग आते हैं...

मेरा घर आ गया है। उसका मीटर देखती हूँ, तो शक होता है, कि रास्ते में कहीं अटक तो नहीं गया था। उससे पूछती हूँ, *आपका मीटर ठीक तो है न?*

वह कहता है, *जी, बिलकुल ठीक। पिछले छह साल से एक पैसे का फ़र्क़ नहीं।*

उतरते-उतरते उससे पूछती हूँ, *सुनिए, क्या हम कल किसी समय मिल सकते हैं?*

क्यों? वह जानना चाहता है।

मैं आपके बारे में सब जानना चाहती हूँ।

उससे कुछ होगा?

क्या?

क्या उसके बाद सरकार मेरे लिए कुछ करेगी?

यह तो कह नहीं सकती। लेकिन अगर आप बात करने के लिए हाँ करें, तो कम-से-कम आम लोगों को आपके जीवन के बारे में पता चलेगा।

और आपको क्या मिलेगा?

मैं अपना काम कर रही होऊँगी। मैं रेडियो के लिए प्रोग्राम बना रही हूँ...

ठीक है। मैं सब समझ रहा हूँ। आपके पास भी कोई ताक़त नहीं है। आप भी मेरे जैसी हैं। मैं रोड पर सवारी ढूँढ़ता हूँ, और आप कहानी...अगर मेरी कहानी सुनने से आपका काम होता है तो मैं आ जाऊँगा।

कितने बजे?

सुबह दस बजे?

बहुत अच्छा।

अगले दिन वह आता है। मेरे घर। क़रीब साढ़े पाँच फ़ीट ऊँची उसकी दुबली

काया बड़े कमरे के दरवाज़े पर ही सिकुड़ जाती है। वह सोफ़ा पर नहीं, फ़र्श पर बैठ जाता है।

—मुझे यहीं बैठा रहने दीजिए। मैं आपका सोफ़ा गंदा नहीं करना चाहता।

मैं कल की अपनी जान-पहचान के नाते उसे दोस्ताना मुस्कान देती हूँ। उसके शरीर में, चेहरे पर, हाथ-पाँव में इतनी सारी नीली रगें हैं—मैंने पहले नहीं देखा था। वह बैठता है, तो जैसे सारी भूख-प्यास उसके साथ बैठ जाती है।

—कुछ चाय वग़ैरह लेंगे?

वह कुछ झिझकता, कुछ शरमाता है। सैंडी, मेरे हारवर्ड के दिनों का साथी, अपना टेपरिकॉर्डर लगा रहा है। लैटिन अमेरिका के देशों के बाद यह पहला मौक़ा है, जब उसका वास्ता तीसरी दुनिया के देश की ग़रीबी से पड़ रहा है। हम भारत में अमेरिका के नेशनल पब्लिक रेडियो के लिए 'अन्न और भूख' शृंखला के प्रोग्राम बना रहे थे, कि मुझे यह ऑटो ड्राइवर टकरा गया। अब हम उसकी नींद के बारे में जानना चाहते हैं। असम्भव नींद के बारे में...

मैं चाय बना लाती हूँ ताकि हम शुरुआती अटपटेपन में से निकल सकें।

—नाम क्या है आपका?

—राजाराम।

—घर कहाँ है?

—उन्नाव, यू. पी. में।

—ऑटो चलाना कैसे शुरू किया?

—पहले आठ साल तक तो रिक्शा चलाता रहा। चाँदनी चौक में। फिर एक बहुत दयालु, अमीर आदमी से मुलाक़ात हो गई। डेढ़ साल मैंने उसकी सेवा की। उसे रोज़ ले जाता था। कभी एक पैसा नहीं लिया। उसने बदले में मुझे यह पुराना ऑटो ले दिया, जिसे अब चलाता हूँ।

—उससे पहले क्या करते थे?

—गाँव में मज़दूरी करता था। खेतों में। घर हमारा बारिशों में ढह गया था। दोबारा मैं उसे बनवा नहीं पाया। भुखमरी थी। एक दिन मैंने तय किया कि दिल्ली चलें...

—गाँव में कोई ज़मीन नहीं थी?

—नहीं, हमारे पास कभी ज़मीन नहीं रही, पुश्तों में। मेरा बाप अन्धा हो गया था, जब मैं चौदह-पन्द्रह बरस का था। और गाँव में मुझे कोई काम नहीं मिलता था। कोई दूसरा चारा नहीं था।

—लेकिन दिल्ली ही क्यों आना चाहते थे?

—गाँव में मैं सिर पर बोझा ढोता था। और एक रात मैंने सोचा, मेरे सिर पर छत तो वैसे भी नहीं है। क्या फ़र्क़ पड़ता है, कि मैं गाँव के खुले में सोऊँ या दिल्ली की सड़क पर? सो पहले मैं कानपुर गया, फिर वहाँ से दिल्ली।

—अब ख़ुश हैं यहाँ पर?

—पेट भरने आया था। मुझे ख़ुशी है कि वह भर लेता हूँ। और ऑटो चलाता हूँ। सिर पर बोझा उठाने से तो अच्छा ही है। नहीं?

मुझे नहीं मालूम, बोझा ढोते हुए यह संसार कैसा दीखता है, सड़क पर सोते हुए कैसा, ऑटो में रहते हुए कैसा। मेरे पास उसके प्रश्न का कोई उत्तर नहीं।

—ऑटो चलाते हुए कैसा लगता है?

—ऑटो बड़ी मुश्किल सवारी है। सारा वक़्त खड़-खड़ करती है। जवान ड्राइवरों के लिए तो ठीक है, मेरे जैसों के लिए नहीं। आपको पता है, ऑटो चलाते हुए कोई मर भी सकता है? और फिर सब तरफ़ से धुआँ। मुझे तो तब अच्छा लगता है, जब कोई ग्राहक किसी खुली तरफ़ जा रहा हो...

—आपकी यह खाँसी...क्या धुएँ के कारण?

—पता नहीं, किस कारण। शायद भगवान की सज़ा हो! मैं तो बस यही जानता हूँ कि मैं जब धुएँ में साँस लेता हूँ तो मेरा भीतर तक सिकुड़ जाता है।

—उम्र क्या होगी आपकी?

—क्या पता! शायद पचास साल। बस इतना याद है, कि सन् '62 में मैं पाँचवीं में पढ़ता था। और स्कूल जाना मैंने आठ साल की उम्र से शुरू किया था...

मैं हिसाब लगाती हूँ। मेरे हिसाब से उसे चालीस के ऊपर नहीं होना चाहिए। तब क्या उसकी थकान के सब साल उसमें जुड़ गए हैं?

—आपके लिए एक अच्छा दिन क्या होता है?

अच्छा दिन कहते ही मेरे मुँह में पानी भर आता है। वर्षा में धुले हरे पत्ते, भीगी-भीगी हवा, अधगीली सड़कें—सब आँखों के सामने घूम जाते हैं।

—मुझे नहीं मालूम, अच्छा दिन क्या होता है। दो वक़्त की रोटी मिल जाए, ग़नीमत है।

यह मेरा पहला पाठ है। हम एक ही शहर में रहते हुए दो अलग-अलग मौसमों में रहते हैं। अन्न और भूख के मौसम में। घर और बेघरी के मौसम में...

—आपके जीवन की कोई दिलचस्प घटना याद है आपको?

—मेरे जीवन में क्या है! ऐसा कुछ नहीं, जिसे याद कर सकूँ।

—आपने कल कहा था, आप इस ऑटो में रहते हैं?

—हाँ, हालाँकि मेरे लाइसेंस में कनॉट प्लेस की एक दुकान का पता लिखा है। लेकिन मैं वहाँ सोता नहीं। सोता मैं ऑटो में ही हूँ। खाना ढाबे में। दस-पन्द्रह दिन में कभी एक बार रोड साइड में रुककर नहाता हूँ। वह छुट्टी का दिन होता है। कपड़े धोता हूँ, धूप में सुखाता हूँ, और जब सूख जाते हैं, तो उन्हें पहनकर वापस रोड पर आ जाता हूँ।

—ऑटो में सोते हुए कैसा लगता है?

—ऑटो में आप सो नहीं सकते। मैं दो-तीन घंटे सोता हूँ। लेकिन सीधा लेट नहीं सकता, करवट नहीं ले सकता।

—कभी किसी पार्क में जाकर सोने की इच्छा होती है? या सड़क के किनारे ही?

—नहीं, अपना ऑटो ऐसे छोड़कर थोड़े ही जा सकता हूँ।

—तब तो आपको अक्सर झपकियाँ आती होंगी?

—मेरा शरीर इतने अर्से से जगा हुआ है कि मैं ज़्यादा देर सो नहीं पाता। और अगर किसी अच्छी रात नींद आ भी जाए, तो पुलिस आ जाती है...वे मुझे उठा देते हैं और कहते हैं, किसी दूसरी जगह जाकर सोओ। ऐसी रातें बड़ी मुश्किल से कटती हैं। रात-भर एक जगह से दूसरी जगह भटकते रहना पड़ता है...

—रात को सवारी बैठाते हैं?

—अगर कोई आ जाता है, और मुझमें शक्ति होती है, तो मैं चला जाता हूँ।

उसके चौदह वर्षों का उनींदा, उस उनींदे में फैली दिल्ली की सड़कें, हम सब के चौदह वर्षों की आराम-भरी रातें—जैसे किसी खुली गुदड़ी की तरह बिखर जाती हैं। जैसे उसकी उनींद के पाप में हम सब के आराम का हाथ हो।

—महीने में कमाई कितनी हो जाती होगी?

—कुछ तय नहीं है। कभी एक घंटे में तीन सवारियाँ मिल जाती हैं, और कभी पूरे दिन में एक भी नहीं...अब देखिए, मेरी कमाई आप पर निर्भर करती है। आप घर से निकलेंगी, ऑटो लेंगी, तो मेरा दिन अच्छा होगा। लेकिन अगर आप घर से ही नहीं निकलतीं, तो मैं सड़क पर इन्तज़ार करता रहूँगा...वैसे मेरा ख़याल है, रोज़ के सौ रुपये हो ही जाते होंगे। ख़र्चा-पानी निकालकर पच्चीस तो बच ही जाते हैं।

—कुछ जमा कर पाते हैं?

—हाँ, कभी दस रुपये, कभी पाँच रुपये, और कभी अपनी जमा रकम में से ही खाना पड़ता है।

—आप पैसे कहाँ रखते हैं?

—एक-दो महीने अपने पास रखता हूँ। फिर जब दो-तीन सौ रुपये हो जाते हैं, तो बैंक जाता हूँ। वह, जिस आदमी का मैंने बताया था, उसने बैंक में मेरा खाता भी खुलवा दिया था...

—इस समय कितनी बचत होगी आपकी?

—पिछले सब सालों में बारह हज़ार जमा किये थे। वह सब गाँव ले गया था, ताकि चारदीवारी बनवा सकूँ। उसमें ग्यारह हज़ार ख़र्च हो गए। अब धीरे-धीरे कमरा भी बनवा लूँगा...

—घर में पीछे कोई है?

—नहीं।

—फिर चारदीवारी का क्या फ़ायदा?

—अपने बुढ़ापे का भी तो सोचना है। नहीं? मैंने चारदीवारी बनवाई ताकि जब बूढ़ा हो जाऊँ, तो घर जा सकूँ। अब कम-से-कम चारदीवारी तो है।

—उस पैसे से आप दिल्ली में कोई छोटी-मोटी जगह नहीं देख सकते थे?

—दिल्ली मेरा 'घर' तो नहीं है! हर वक़्त मैं अपने गाँव के बारे में सोचता रहता हूँ। वहाँ मैं पैदा हुआ, वहीं मरना चाहता हूँ।

—आपकी शादी नहीं हुई?

—नहीं, जब मेरी शादी की उम्र थी, तब मैं सिर्फ़ दो-तीन रुपये कमा पाता था एक दिन में। बाप अन्धा था। उन दो रुपयों में दो किलो आटा आता था। और उस दो किलो आटे में केवल दो लोगों का गुज़र हो सकता था...तो मैं तभी जान गया था, कि मेरे भाग्य में शादी नहीं है।

—इसका दुख होता है क्या?

—अरे नहीं, मैं तो अपने को भाग्यवान समझता हूँ कि मेरा कोई परिवार नहीं, कोई ज़िम्मेदारी नहीं। अगर तब मैंने शादी की होती, तो मुझे अपने बाप को भूखा रखना पड़ता, ताकि मैं अपनी औरत का पेट भर सकूँ। और आप ही बताइए, एक औरत किस काम की है?

भूखे आदमी के लिए, बेघर आदमी के लिए—एक औरत किस काम की है? क्या कोई इसका उत्तर दे सकता है?

—क्या साइकिल रिक्शा की बजाय ऑटो में ज़्यादा कमाई होती है?

—नहीं, कुल मिलाकर उतना ही पड़ता है। फ़र्क़ है, शारीरिक मेहनत में। रिक्शे में बहुत ज़ोर लगाना पड़ता है। उसके लिए ख़ुराक चाहिए। ऑटो को पेट्रोल चाहिए। बचता दोनों में एक जितना ही है।

—जब पहली बार ऑटो लिया था, कैसा लगा था?

—पहले दिन जब ऑटो लिया था, मुझे लगा, मैं अब जल्द ही अमीर होने वाला हूँ। इतने साल मैं क़िस्तें देता रहा, मरम्मत के पैसे भरता रहा। और जमा रकम में से खाता रहा। अमीर नहीं हो सका मैं!

—सारा दिन जब आप ऑटो चलाते हैं, क्या सोचते रहते हैं?

—मैं सारा दिन कहाँ चलाता हूँ? मैं सिर्फ़ चार घंटे ऑटो चलाता हूँ।

—लेकिन अभी तो आपने कहा, आप सारा दिन रोड पर रहते हैं?

—हाँ, वह सच है। लेकिन आप चार घंटे मेरी नींद के निकाल दीजिए। दो घंटे रात में, दो घंटे दिन में। आप देखिए, आप ऑटो लेती हैं। मैं आपको पन्द्रह-बीस मिनट में पहुँचा देता हूँ। फिर मैं इन्तज़ार करता हूँ...कभी आधा घंटा, कभी एक घंटा। कभी पूरा दिन।

—तो कितने घंटे आप गाड़ी चलाते हैं?

—चार घंटे। सोलह घंटे मैं इन्तज़ार करता हूँ...

—अच्छा तो, फिर आप क्या सोचते हैं गाड़ी चलाते हुए?

—जब चला रहा होता हूँ, तो पैसे के बारे में सोचता हूँ। कि अब कुछ पैसा मिलेगा। और उसे मैं, जो दूसरी सवारी से पैसा मिलेगा, उसमें जोड़ दूँगा...और फिर मैं देखता हूँ, कि मैं अपने गाँव जा रहा हूँ, घर बनवा रहा हूँ, परचून की दुकान खोल रहा हूँ...यह हर बार होता है, हर दिन।

—और जब आप इन्तज़ार कर रहे होते हैं?

—तब मैं सोचता हूँ, यह मेरे पिछले जन्मों के किये का फल है। इसीलिए इस जन्म में मेरा कोई घर नहीं है, इसीलिए मैं यहाँ सड़कों पर धक्के खा रहा हूँ...

—कभी अगले जन्म के बारे में सोचते हैं?

—हाँ, मैं ख़ुद से कहता हूँ, अगर इस जन्म में मैंने कोई पाप नहीं किया, अगर मैं ईमानदारी से कमाई करता रहा, तो शायद अगले जन्म में मेरी इतनी मुश्किल न हो...आपने देखा होगा, मैंने भरसक अपना मीटर ठीक रखने की कोशिश की है, इसलिए नहीं, कि पुलिस जुर्माना करेगी, तो कहाँ से भरूँगा, बल्कि इसलिए कि मैं ईश्वर से डरता हूँ...

—कौन से ईश्वर से?

—भगवान राम से। मैं हर शाम बिरला मन्दिर जाता हूँ, पूजा के लिए। वहीं तो आप मिली थीं...

—लेकिन वहाँ तो राम की कोई मूर्ति नहीं? वह तो राधा-कृष्ण का मन्दिर है।

—हाँ, लेकिन भगवान विष्णु की मूर्ति तो है। भगवान राम विष्णु का ही अवतार हैं। हम हिन्दुओं को अपने भगवान तक पहुँचने के सब रास्ते मालूम हैं...

—तो क्या कभी भी किसी सवारी से बेईमानी करने का विचार नहीं आया?

—देखिए, मैं जब पाँच साल का था, मेरी माँ गुज़र गई। दो छोटी बहनें थीं—एक दो साल की, एक तीन साल की। फिर वे दोनों मर गईं। पन्द्रह का था, जब मेरा बाप अन्धा हो गया। तब मुझे लगा, यह ईश्वर की सज़ा है...तब मैंने अपने से कहा, मैं ईमानदारी से जिऊँगा...चाहे जो हो। तभी मैं इस पीड़ा और कष्ट से बच पाऊँगा।

—क्या आपको ईश्वर में सचमुच विश्वास है?

—हाँ। एक बार मैं आठ दिन तक भूखा रहा और मरा नहीं। आपका क्या विचार है, यदि ईश्वर न होता, तो मैं बच सकता था?

—आपका मतलब है, आप यहाँ दिल्ली में आठ दिन तक भूखे रहे थे?

—हाँ, दिल्ली में। तब मैंने अभी यह ऑटो लिया ही था। सब पैसे ख़र्च हो गए थे कि यह ख़राब हो गया। मेरे पास न इसकी मरम्मत के पैसे थे, न खाना खाने के। तब मैं आठ दिन तक पानी पीकर ज़िन्दा रहा।

नुट हैम्सन के उपन्यास 'भूख' का नायक क्या ऐसा ही रहा होगा? वह अपने मुँह में पत्थर रखकर चूसता रहता था, ताकि शरीर को भोजन का भ्रम बना रहे। इसने अपने मुँह में कौन-सा पत्थर रखा होगा? कौन से सब्र का पत्थर?

—जिन सवारियों को आप ले जाते हैं, कभी उनके बारे में सोचते हैं?

—मेरे पास किसी और के बारे में सोचने की फ़ुरसत कहाँ है? मेरी अपनी ज़िन्दगी इतनी साँसत में है...

—इतने ट्रैफ़िक के बीच गाड़ी चलाना कैसा लगता है?

—जब दफ़्तर का समय होता है, तब सवारी पिछली सीट पर बैठी बाहर देखती रहती है, जबकि हमें आजू-बाजू की गाड़ियों का ध्यान रखना होता है, कि कहीं टच न हो जाए। लाल बत्ती होते ही मैं तनाव में आ जाता हूँ।

—क्या ऐसा करना मुश्किल है?

—है भी और नहीं भी। अगर तुम्हारा ध्यान स्थिर है तो कोई दिक़्क़त नहीं। लेकिन ज़रा चूक हुई नहीं कि तुम मुसीबत में हो...सबसे बड़ी मुश्किल धुएँ की है। जब दम घुट रहा हो, तब भी कोशिश यही रहती है, कि आँखें खुली रहें, गाड़ी पर हाथों की पकड़ बराबर बनी रहे।

—कभी सैलानी मिलते हैं?

—हाँ। कभी-कभार। कहते हैं, हमें घुमाओ। चिड़ियाघर ले चलो या लाल क़िला या बिरला मन्दिर। लेकिन वे कभी सवाल नहीं पूछते। बात नहीं करते। इन आठ सालों में आप पहली हैं, जिन्होंने मुझसे बात की...

उसकी आवाज़ टूटने-सी लगती है।

—आपको मुझसे कुछ पूछना है?

—मैं आपसे कुछ पूछने वाला कौन होता हूँ? वैसे भी मैंने ख़ुद को भगवान भरोसे छोड़ रखा है।

—आपसे फिर कभी मिलना हो तो कहाँ?

—हर शाम मैं बिरला मन्दिर जाता हूँ। क़रीब पाँच बजे। वहाँ क़रीब एक घंटा रहता हूँ। वहीं के ढाबे में चाय पीता हूँ। कभी गुज़र रही हों, तो वहाँ झाँक सकती हैं...

इस तरह वह उठता है और चला जाता है। बेघर राजा। बेघर राम।

मैं उसके माता-पिता के बारे में सोचती हूँ, जो उसके जन्म पर बहुत ख़ुश हुए होंगे। परिवार का पहला पुत्र...जब उन्होंने उसका नामकरण किया होगा, तो कभी सोचा होगा, कि उसका जीवन ऐसी विडम्बना में बीतेगा?

जब उसने कहा, आप पहली हैं, जिसने मुझसे बात की तो उसकी आवाज़ भरभराने लगी। यहाँ मेरे घर में। जब वह जाने की तैयारी कर रहा था, मैं तमाम तरह की योजनाएँ सोच रही थी, जिससे उसे कुछ राहत मिल सके।

शायद मैं उसे किसी डॉक्टर के पास ले जा सकती हूँ, कि पता चले, उसे बारह साल से यह खाँसी क्यों है? या उससे कहूँ, कि वह चाहे, तो मेरे घर के बाथरूम में गर्म पानी से स्नान कर सकता है, या कुछ कपड़े दे दूँ?

लेकिन मेरा शरीर ऐसा जड़ हो गया था, कि समय रहते मुझे कुछ नहीं सूझा। हर चीज़ उसके लिए कम लगी। निरर्थक लगी। मैंने उसे सिर्फ़ एक प्याला चाय दी...

क्या यह एक असम्भव वाला घर था, जिसमें हम चाय पी रहे थे? क्या यह असम्भव वाले घर की चाय थी, जो मैं उसे दे रही थी?

ज़्यादातर हिन्दू विश्वास करते हैं, कि ईश्वर सोता रहता है...इसलिए वे जब मन्दिर जाते हैं, घंटा बजाते हैं, ताकि भीतर ख़बर हो जाए। क्या राजाराम भी घंटा बजाता होगा? क्या उसकी ख़बर ईश्वर को मिल जाती होगी?

या यह भी तो हो सकता है, कि वह ख़ुद ही ईश्वर रहा हो? भेस बदलकर घूमता ईश्वर—जिससे कहीं-न-कहीं टकरा जाने की आकांक्षा हम सब को रहती है...वृक्ष में ईश्वर, ब्राह्मण में, भिखारी में, हर चीज़ में ईश्वर। उसने कहा भी था—वह राजा राम है। क्या नहीं?

[1994]

एक कंकर संशय

केलौंग कि किन्नौर? लॉरा ने मुझसे, मैंने लॉरा से पूछा था। जबसे हमने किन्नौर के ताबो गोम्पा समारोह के बारे में सुना था, उसे देखने जाने की हमारी बहुत इच्छा थी। एक पूरी दोपहर हम नक़्शा फैलाकर बैठी रही थीं—हिमालय की चोटियों के पीछे चोटियाँ, घाटियों के पीछे घाटियाँ... जैसे हम कहीं ऊपर आसमान से उन्हें देख रही हों—मिनिएचर पर्वत शृंखलाओं को—और वहीं कहीं नीचे ईश्वर का घर हो, इतना नन्हा, अदृश्य-सा, कि इस नक़्शे में दीखता न हो...

सिर्फ़ पहाड़ों में भटकने की मेरी इच्छा न थी। एक किताब में प्रार्थना-ध्वज का चित्र देखा था—बीच हवा में उड़ता अश्व, आसपास तिब्बती भाषा में लिखे प्रार्थना-मंत्र। बौद्ध मंत्र। सुना था, बौद्ध लोग अपने घरों की छतों पर उनकी पताकाएँ बाँधकर फहराते हैं। हर महीने...हवा हिलती है, तो पवन-अश्व सब पवित्र मंत्र दूर-दूर तक उड़ा ले जाता है। एक अलौकिक शुभता और शुभ्रता में घर घिरे रहते हैं।

मालूम नहीं, उन दिनों हम क्या ढूँढ़ रहे थे। बस इतना याद है कि कंधों पर तना-तना सिर बहुत थक गया था। वह कहीं झुकना चाहता था, किसी ईश्वर जैसी चीज़ के आगे, किसी दिव्यता के आगे...हम उस साक्षात्कार के क़ाबिल हैं या नहीं, हमें कुछ मालूम न था।

तय किया, लद्दाख जाएँगे, केलौंग से होते हुए। 'मुझे जाना है काशी,

कहता हूँ, कोसल जा रहा हूँ...' श्रीकांत वर्मा की इन पंक्तियों जैसी कोई दुविधा हम में न थी।

केलौंग हमारी यात्रा का महत्त्वपूर्ण पड़ाव था। उसे हमें आने वाले दिनों के लिए कई तरह से तैयार करना था। साढ़े तेरह हज़ार फ़ीट की ऊँचाई के लिए, खड़ी चढ़ाई पर बने गोम्पा के लिए, किसी भी समय लग आई बेचारी-सी भूख के लिए, पहाड़ी सड़कों और प्रकृति के बीच हर क्षण होती मुठभेड़ के लिए, और उस भटकती-भटकाती सी मानवीय पुकार के लिए, जो उस ऊँचाई पर पता नहीं, हमारे भीतर के किस बियाबान से उठती थी...

वे सब रास्ते कहीं पीछे छूट गए हैं जो हमें किसी खड्ड में गिरा सकते थे। बीच रास्ते में बिखरे पत्थर हैं। और नालों का तेज़ बहता पानी, जो अभी कुछ दिन पहले चौदह यात्रियों को बहा ले गया था, बस समेत नीचे खाई में। जैसे ही हमारी बस उस बिन्दु पर पहुँचती है, बस में बैठा कोई एक यात्री उस बह गई बस को याद करता है...

जम्मू-कश्मीर रोडवेज़ की इस बस को एक लद्दाखी ड्राइवर चला रहा है। सामने आईने में उसका आधा चेहरा दिखता है। तन्मय, जुझारू, ऐसी विकट परिस्थितियों में अक्सर अकेला रह गया चेहरा। बस की रफ़्तार एकदम धीमी हो गई है। बस एक-एक पत्थर चलती है। जैसे इस तेज़ बहाव को नंगे पाँव पार कर रही हो...मैं अगले पत्थर पर पहिए को पहुँचता देख वापस आईने के अक्स को देखती हूँ। स्टियरिंग के साथ पूरी शक्ति के साथ घूमती उसकी बाँहें, उसके कंधे। वह डूबने के पहले का तैराक लगता है—अकेला हमारी सारी बस के लिए हाथ-पैर मारता हुआ...

नाला पार करने के बाद भी उसकी हैबत साथ चली आती है...सफ़र वाली दवा के नशे के साथ मिलकर उसने सारे सिर में कोहराम मचा रखा है। ज़रा-सी आँख लगते ही अजीबोग़रीब चेहरे दीखने लगते हैं—भुक्खड़ से, आदिम से। जैसे हम कहीं फँस गई हैं, दबोच ली गई हैं...

ശ

अब वह स्वप्न कहीं छितरा गया है, लेकिन आँख खुलते ही मैं अपनी मित्र लॉरा से कहती हूँ, "मुझे लगा, सब रास्ते पीछे छूट गए हैं। सब तरफ़ नाले ही नाले हैं। और उनमें पत्थर। अब हम कभी वापस नहीं जा पाएँगी...एक कोई लद्दाखी है, जिसने हम दोनों को ज़बरदस्ती बन्धक बना रखा है..."

वह हँसने लगती है। उसे लगता है, यह मज़ाक़ है। एक बार फिर वह अपने साहस में मेरे लिए परायी हो जाती है। डी.एच. लारेंस की कहानी द *वुमन हू रोड अवे*, जो अभी कुछ दिन पहले तक एक मित्र के साथ बहस का विषय थी, अब मेरे आसपास मँडरा रही है। एक डाकिनी की तरह।

चलती बस के नीचे पता नहीं कितने पत्थर हैं। आँख खुलती है तो...आँख लगती है तो...दुःस्वप्न!

ശ

आख़िर हम केलौंग पहुँच गई हैं। उजाड़-सा एक बस स्टेशन है, जहाँ हमें दो दिन बाद आना होगा। मनाली से आती बस पकड़ने के लिए। छोटी-छोटी दुकानें हैं। सब्ज़ी, अंडे, नमकीन, सब एक साथ बेचती हुईं। साथ में चाय का सामान। क्या पता, ग्राहक को कब किस चीज़ की तलब हो जाए!

दो-तीन कुली हमारे पीछे-पीछे चले आते हैं। हमने बैक-पैक बाँध रखे हैं। वे अपनी भाषा में बातें कर रहे हैं। और इशारे। हम रास्ता सूँघती-सूँघती बस-स्टेशन से कुछ आगे बने बाज़ार में उतरती सीढ़ियों से नीचे आ गई हैं। मालूम नहीं, यह आधा किलोमीटर हुआ है या पौना। वे तीनों कुली अभी भी हमारे साथ चल रहे हैं। उन्हें यक़ीन नहीं कि हम अपने आप पहुँच जाएँगी... बीच में एक जगह मैं हिम्मत छोड़ने लगती हूँ। फिर लगता है, अब हम काफ़ी दूर आ गए। थोड़ा और सही।

ശ

ग्यास्पो। शायद तिब्बती नाम है। हमारा होटल। ऊपर के तीन कमरे देखने के बाद एक चुनती हूँ। ख़ूब बड़ी खिड़की वाला...कम सैलानी हों तो ऐसा कर पाना ऐसी विलासिता है, जिसे न करना अपने साथ ज़्यादती लगती है।

☙

बाहर केलौंग की पहाड़ियाँ हैं और ठीक सामने एक तिकोना, छोटा-सा पार्क। बाद के दिनों में ग़ौर करने पर देखती हूँ, वहाँ एक मूर्ति लगी है—रासबिहारी बोस की। इस सदी की शुरुआत में, शायद बीस के दशक में, वह यहाँ रहे थे। यहीं से उन्होंने अंग्रेज़ों के ख़िलाफ़ भूमिगत विद्रोह की तैयारी की थी। दिन-भर इस गाँव की, (इसे गाँव कहें, क़स्बा कहें या लाहौल की राजधानी?), बच्चियाँ संगमरमर के बने इस पार्क में खेलती हैं। यह कोई खेल है—अनंत बातों से बना—जिसे हम नहीं जानतीं। मूर्ति के गिर्द चक्कर काटतीं, बातें करतीं इन बच्चियों को न अपनी ख़बर है, न हमारी, जो जाने कब से इन्हें खिड़की से घूर रही हैं।

कोई अचम्भा नहीं कि केलौंग में अख़बार नहीं मिलता!

☙

भूख। अजीब-सी अँतड़ियाँ निचोड़ती भूख। पहाड़ पर ढलती दोपहर में अचानक लग आई भूख। जैसे हमने कई जन्मों से कुछ खाया न हो।

लेकिन फिर भी 'ग्यास्पो' की बजाय कहीं और खाने का मन है। यहाँ हम रह रहे हैं, तो खाना खाएँगे ही। कोई नई जगह देख आएँ...रास्ते में हमने दो छोटे तिब्बती ढाबे देखे थे। सारे क़स्बे को जोड़ती एक ही सड़क है। हम दूसरे सिरे तक पहुँच गई हैं। खाने को कहीं कुछ नहीं। जिससे पूछो, वही हैरान होता है, आपने 'ग्यास्पो' में नहीं खाया? मालूम होता है, पूरे क़स्बे में वही एक ठीक-ठाक जगह है कुछ खाने की। या उसके दूसरी तरफ़ 'ताशी देलेग'। लेकिन अब तो हम केलौंग के इस सिरे पर हैं। वहाँ पहुँचने में पूरे बीस मिनट लगेंगे...

एक गंदे-से ढाबे में कुछ बचा-खुचा खाना है। चावल-दाल। लॉरा वही खाने को तैयार है। वह पक्की शाकाहारी है। अगर मैं तिब्बती ढाबे में मोमो ही खाना चाहती हूँ, तो मुझे इन्तज़ार करना होगा। मुझे स्वीकार है। आने वाले दिनों में कई सबक़ मिलने हैं। यह पहला है—जहाँ जो मिले, खा लो। उसके बाद हो सकता है, वह भी नसीब न हो!

सूर्यास्त देखने के लिए हम होटल के बरामदे में बैठी हैं। तीनों तरफ़ केलौंग के पर्वत-शिखर हैं। हम जैसे उनके चरणों में बैठी हैं। अभी कुछ देर पहले सामने वाली चोटी बादलों से ढकी थी। वहाँ धुंध नहीं, वर्षा के बादल हैं। दूर से देखे जा सकते हैं। गीली-सी चोटी पर बादल और वर्षा अलग-अलग दीखते हैं...

पूर्व और पश्चिम के शिखरों पर जाने कितने हज़ार वर्ष पुराने ग्लेशियर हैं। शुभ्र, सफ़ेद जमी हुई बर्फ़। शिव-प्रदेश, जहाँ से शिव मानो अभी-अभी उठकर कहीं गए हों। हिम-शिखरों को एकटक देखते रहो, तो न शिव माया लगते हैं, न उनका नृत्य। जैसे वह कहीं से बस आने ही वाले हों। और यह विश्वास दिलाने को, कि वह सचमुच आ रहे हैं, अपना सब असबाब पीछे छोड़ गए हों!

कल हम कारडंग गोम्पा जाएँगी। सामने वाले पहाड़ पर। मठ के लिए तिब्बती शब्द है—गोम्पा।

रात-भर कई आवाज़ें पलंग के गिर्द चक्कर काटती रही हैं। 'हैं, क्या?' एक बार मैं उठकर बैठ जाती हूँ। सामने कोई नहीं। वह कुर्सी तक नहीं, जिस पर

अभी-अभी किसी के बैठे होने का भ्रम हुआ था। लेकिन आवाज़ ऐसी साफ़ सुनाई दी थी, जैसे कहीं कान के भीतर से आती हो।

क्या यह भ्रम है? न यहाँ आधी रात को आँधी है, न कोई और भुतैली चीज़। ठहरा सन्नाटा है। सुबह लॉरा कहती हैं, उसने सुना था, ऊँचाई पर ऐसे भ्रम होते रहते हैं...

*द वर्ड इन द डेज़र्ट इज़ मोस्ट अटैक्ड बाय टेंपटेशन...*रेगिस्तान में शब्द पर सबसे अधिक प्रहार होता है तृष्णा का...जाने कहाँ से टी.एस. इलियट की ये पंक्तियाँ यहाँ भटकने लगी हैं।

सुबह होते ही हमने स्नैक्स और एक बोतल पानी झोले में रख लिया है। स्नीकर जूते पहन लिये हैं। हमारे रेस्तराँ से गोम्पा साफ़ दीख रहा है। हरी पहाड़ियों के बीच पीले रंग की इमारत, जिसकी छत गहरे लाल रंग की है। पहाड़ पर सबसे ऊँचा। अकेला गोम्पा। गाँव उससे कई ढलानें नीचे रह गया है।

हम फिर केलौंग की उसी सड़क पर जा रही हैं, जहाँ कल भोजन की तलाश में घूमी थीं। सर्किट हाउस, डाकघर, तारघर, स्कूल, अस्पताल—सब पीछे छूट गए हैं। जिससे पूछो, वही इशारा करता है, अभी और दूर जाइए... नीचे नदी के पुल तक, फिर दूसरी तरफ़ की चढ़ाई शुरू होगी। कच्चा रास्ता है, शॉर्ट-कट। अगर हम जीप से जातीं, तो दो घंटे में पहुँचतीं। पैदल पौन घंटे में।

केलौंग में टूरिस्ट नाममात्र हैं। लेकिन लोग उन्हें देखने के अभ्यस्त हैं। आख़िरी बार रास्ता पूछती हैं, तो एक भला-सा, नाटा-सा पहाड़ी पुलिस वाला हमारे आगे-आगे हो लेता है। गाँव पार करवाकर ढलान पर छोड़ देता है। यहाँ से हम सीधे पुल पर पहुँचेंगी।

सीमेंट के पहाड़ी रास्ते की उतराई। उतरने में ही इतनी मुश्किल है, हम वापस कैसे पहुँचेंगी?

ଓ

नदी की आवाज़ सुनाई दे रही है। इक्का-दुक्का औरतें इसी रास्ते से परे गाँव जा रही हैं। हमें उतराई पर ही हाँफते देखती हैं तो रुक जाती हैं। मुस्कराती हैं। फिर आगे बढ़ जाती हैं।

छोटा-सा बीस-पच्चीस फ़ीट लम्बा लकड़ी का पुल। एक औरत जाते-जाते रुक गई है। हमसे बातें करने लगी है। वह मेरा बैग, जिसमें सिर्फ़ मेरा कैमरा है, ज़िद करके पकड़ लेती है, जैसे इतनी-सी बोझ-मुक्ति के बाद मेरे लिए चढ़ाई चढ़ना आसान होगा। काफ़ी दूर तक वह हमारे साथ चलती है।

क्या बहुत टूरिस्ट आते हैं? मैं पूछती हूँ।

हाँ।

क्या करते हैं?

क्या पता, इधर-उधर घूमते हैं।

बहुत सुन्दर जगह है।

मैं एक बार फिर रुकती हूँ। चारों तरफ़ फैली हरी-भरी घाटी देखने को। बहाने से दम ले रही हूँ, बार-बार रुकने में शर्म आ रही है।

जगह तो सुन्दर है, लेकिन रहना मुश्किल है।

क्यों?

आपने देखा नहीं? बस अब सर्दियों की तैयारी है। लकड़ी, चारा, आटा, सारा गाँव इन्हीं चीज़ों को जमा करने में लगा है। इसके बाद सारा गाँव बन्द हो जाना है, अपने-अपने घरों में।

और ऊपर गोम्पा?

वे लोग भी।

ഗ

वह आगे निकल गई है। हम एक पेड़ की छाँह में बैठकर दिल्ली से लाए स्नैक्स खा रही हैं—गज्जक, केले के चिप्स, मूँगफली, चने। जैसे इतनी दूर केवल पिकनिक मनाने आई हों। फिर अचानक मुस्तैदी से उठती हैं। तरोताज़ा। गाँव की पगडंडी छोड़कर हम खेतों के बीच से जा रही हैं और हम गिर भी नहीं रही हैं, हालाँकि यह खड़ी चढ़ाई है। जब भी पाँव फिसलता है,

घास में अटक जाता है, हम बच जाती हैं। अगर इस तरह की घास एवरेस्ट पर हो तो हम एवरेस्ट तक जा सकती हैं...

मटर के खेत हैं ज़्यादातर। और भी फ़सलें होंगी, जिन्हें हम नहीं पहचानतीं। हम मुँडेर-मुँडेर चलती हैं। हर नया खेत चढ़ने के बाद सिर उठाकर ऊपर देखती हैं। गोम्पा कहीं नहीं है। दूर-दूर तक कोई आदमी नहीं, कोई पगडंडी नहीं। क्या हम रास्ता भूल गई हैं?

काफ़ी देर तक हम अपने दिशाबोध के सहारे चलती रहती हैं। बीच में एक जगह खेतों में मैं अपने भीतरी गर्म कपड़े उतारती हूँ। इस दोपहर में अब उनकी कोई ज़रूरत नहीं। चढ़ाई चढ़ना आसान होगा। लॉरा ने अपना लौंग अंडरवियर पहले ही उतार दिया था। ऐसा लगता है, सारी सृष्टि में हम दो स्त्रियों के अलावा कोई नहीं। हमें किसी से पर्दा करने की ज़रूरत नहीं। बस, एक-दूसरे की पीठ हमारे लिए काफ़ी पर्दा है।

लॉरा चढ़ाई चढ़ने में मुझसे होशियार है, लेकिन रास्ता ढूँढ़ने में मैं ज़्यादा अक्लमंद हूँ। अक्सर मैं उससे पीछे होते हुए भी उससे ऊँची चट्टान पर पहुँच जाती हूँ। कभी वह चिल्लाकर पूछती है, कभी मैं—गोम्पा दिखा क्या?

आख़िर वह दिखता है। हरे में से झाँकता पीला। हम उसके ठीक नीचे पेड़ों की जड़ों में खड़ी हैं। यह गोम्पा का ही बगीचा है। गोम्पा अभी भी ऊँचा है। और असम्भव...

हम पहुँच गई हैं। न हम भिक्षुणियाँ हैं, न हम साधक...सिर्फ़ उत्सुक। दूसरों की साधना को जानने की जिज्ञासु। गोम्पा के आँगन से केलौंग कितना बड़ा और विस्तृत लग रहा है। अब यक़ीन हो रहा है कि वह लाहौल की राजधानी है। और हमारा यह गोम्पा—इसके ऊपर देखो, तो पर्वत-शिखर अभी और भी ऊपर...

सबसे पहले एक भिक्षुणी दिखती है—बूढ़ी। कारडंग के विख्यात धर्म-चक्र को घुमाती। उसके साथ-साथ परिक्रमा में घूमती, कोई मंत्र बुदबुदाती। हम भी उसके साथ-साथ घूमने लगते हैं। मन्दिर की दीवारों पर बने तिब्बती बौद्ध तांत्रिक चित्र हमारे साथ-साथ घूम रहे हैं। आने वाले दिनों में हम उन्हें अलग-अलग पहचानने लगेंगी। यह शून्यता है, यह कालचक्र है, यह अवलोकितेश्वर, यह वैरोचन, यह तारा...

कहीं से मठ के पुजारी लामा को हमारे आने की ख़बर हो गई है। वह आ गए हैं। युवा, पहाड़ी चेहरा। चेहरे पर उत्सुकता और कठोरता। पता नहीं, वह हमारे बारे में क्या सोचते हैं?

ఆ

मठ के भीतर अँधेरा और सीलन है। एक ओर अखंड ज्योति जल रही है। महात्मा बुद्ध की तीन सौ साल पुरानी मूर्ति है। साथ में इस मठ को बनाने वाले लामा की मूर्ति। दीवारों पर चित्र हैं, बुद्धचरित से जुड़े हुए। थाँका और लघुचित्र शैली के मिले-जुले चित्र। पत्थर के रंगों से बने। शाम को पूजा होती है, जिसे पुजारी लामा एकान्त में करते हैं। महीने में केवल एक बार सामूहिक पूजा होती है, जिसमें दूसरे भिक्षु-भिक्षुणियाँ भाग लेते हैं।

मेरे प्रश्न सुनकर उन्हें सन्देह होता है कि मुझे बौद्ध धर्म के बारे में कुछ जानकारी है। वह उत्साह से हमें ऊपर ले जाते हैं। रास्ता पीछे से है।

लकड़ी की एक चरमराती सीढ़ी हम जैसों के लिए मज़बूती से टिकी है...लकड़ी का ही कक्ष है। काँच की अलमारी में रेशमी कपड़ों से लिपटी तिब्बती बौद्ध धर्म की पुस्तकें। तीन सौ साल पुरानी। ऊपर के कक्ष में भी दीवारों पर चारों ओर थाँका लगे हैं। एक तरफ़ मुस्कराते हुए दलाई लामा की तसवीर है।

कुछ देर बाद जब आँखें उस अँधियारे कक्ष में देखने की अभ्यस्त होती हैं, तो पता चलता है, कोने-कोने में उनकी असंख्य तसवीरें हैं—श्रद्धालु उन्हें जहाँ-तहाँ अटका गए हैं।

क्या दलाई लामा यहाँ कभी आते हैं?

नहीं।

आप भिक्षु कैसे बने?

अचानक उनके चेहरे का भाव कटु हो जाता है, *घरवालों ने बना दिया।*

आप नहीं बनना चाहते थे?

नहीं।

उन्होंने ऐसा क्यों किया?

घर में तंगी थी, ज़मीन नहीं थी।

अब कैसा लगता है?

ठीक ही है। भाव में वही कटुता है।

क्या संसार में लौटने को मन करता है?

वहाँ जाकर भी क्या करेंगे?

आप पुजारी लामा बनकर ख़ुश हैं?

इसमें क्या है? सभी को बारी-बारी बनना पड़ता है। पुजारी होने का मतलब है, गोम्पा की साफ़-सफ़ाई करो, पूजा करो, भेंट में जो पैसा मिले, उसका ठीक से हिसाब दो। कोई देखने वाला आ जाए, तो गोम्पा दिखाओ। लोगों के घर पूजा के वास्ते जाओ...

क्या अक्सर जाना पड़ता है?

हाँ।

किसलिए?

कोई बीमार है, किसी के बच्चा नहीं है, पैसे की परेशानी है, इन्हीं सब बातों के लिए लोग पूजा करवाते हैं...

उनके चेहरे का भाव कुछ ऐसा सुन्न और अवसन्न है कि कुछ और पूछते हुए परेशानी होती है।

यहाँ कोई बूढ़े लामा हैं, जो बहुत सालों से रह रहे हों?

क्यों? कुछ पूछना है क्या? अचानक उनके चेहरे का भाव बदल जाता है।

हमें ध्यान आता है कि यहाँ आने से पहले हमने लामा भविष्य-वक्ताओं के बारे में पढ़ा था।

एक हैं, ऊपर। काफ़ी दूर-दूर से लोग उन्हें पूछने आते हैं।

लॉरा को बताती हूँ। वह बहुत उत्साहित हो जाती है। इस यात्रा में किसी ऐसे लामा से मिलने की उसकी बहुत इच्छा थी...

ଓ

हँसती हुई एक भिक्षुणी है। पचासेक साल की। कत्थई चोगे में। हमें इशारे से बुलाती। हम उसके पीछे-पीछे जा रही हैं। गोम्पा के पीछे रिहायशी मकान हैं, भिक्षुओं के। उन्हीं के बीच से निकलती वह हमें ले जा रही है।

हम फिर एक मकान के दरवाज़े तक पहुँच गई हैं। अन्दर से ऊपर को जाती लकड़ी की सीढ़ियाँ। डुप्ले जैसी। ज़ीने के नीचे लकड़ियाँ जमा की जा रही हैं, आने वाले जाड़ों के लिए। तीन जोड़ी जूते पड़े हैं। सम्भवत: ऊपर पहले से ही मिलने आए लोग हैं।

हम एक खड़ी सुरंग से दूसरी खड़ी सुरंग में पहुँचती हैं। दूसरी मंज़िल पर अचानक बहुत सारा प्रकाश है। छोटे-से कोने में रसोई का सामान रखा है—गैस का चूल्हा, मिल्क पाउडर आदि। भीतर एक छोटा-सा कक्ष है, मुश्किल से छह गुना छह फ़ीट का। उसी में एक कोने में वह बैठे हैं...लगभग दो फ़ीट ऊँचे सँकरे तख़्त पर...दो आगन्तुक ज़मीन पर बिछे बिछावन पर बैठे हैं। दूसरी तरफ़ जाकर हम बैठ जाती हैं।

कुटिया के बीचोबीच चिमनी का खम्भा है। ध्यान से देखती हूँ, तो पता चलता है, वह गोल मेज़ जैसी चीज़ दरअसल चूल्हा है, जिसे ढक्कनों से ढका गया है...शायद वे एक ही भट्ठी पर जलने वाले अलग-अलग चूल्हे हैं। हमारे पीछे एक छोटी-सी अलमारी है, जिसमें सब सामान करीने से रखा है। चाय के बर्तन, बिस्कुट के पैकेट...और ज्योतिष की प्राचीन पुस्तकें।

लामा बूढ़े हैं। शहरी हिसाब से सत्तर की उम्र के लगभग, अगर पहाड़ पर असमय वृद्ध न हो गए हों! घुटा सिर, लम्बी दाढ़ी। दिखने में बिलकुल चीनी बाबा, लेकिन हैं तिब्बत से! मुखड़ा हँसमुख, जैसे किसी बालक का मुख हो। भरा-पूरा शरीर। वैभवशाली व्यक्तित्व।

हमें देखकर वह तिब्बती में कुछ कहते हैं और हँसने लगते हैं। वहाँ बैठे बाक़ी लोग भी। हमें अटपटा लगता है, लेकिन बुरा नहीं। हो सकता है, हमारी सब दुश्चिन्ताएँ उस कोठरी में बहुत क्षुद्र जान पड़ रही हों!

वह जानना चाहते हैं, प्रश्नकर्ता कौन है। मैं लॉरा की तरफ़ संकेत करती हूँ। लॉरा बहुत झेंपते हुए अपना प्रश्न पूछती है। मैं उसका हिन्दी अनुवाद करती हूँ। वहाँ बैठा एक पहाड़ी उन्हें तिब्बती में वह बताता है।

हो-हो-हो। हमें लगता है, लामा फिर हँस रहे हैं, लेकिन नहीं, वह अपनी मुट्ठी में कुछ बन्द करके उससे कुछ कह रहे हैं। कुछ देर बाद वह अपनी मुट्ठी एक छोटी-सी किताब पर बिखेर देते हैं। वहाँ गोटें हैं। वह उनके अंक गिनते हैं, उनमें कुछ जमा-घटा करते हैं, फिर उस भिक्षुणी से, जो हमें वहाँ ले गई थी, अलमारी से एक दूसरी किताब लाने को कहते हैं। कपड़े में लिपटी पत्थर के छापे वाली पुरानी पुस्तक...हमारे लिए उसके मोटे हर्फ़ अनजाने हैं।

काफ़ी देर वह हिसाब लगाते हैं। कुछ कहने से पहले अपने कक्ष में बनी छोटी-सी खिड़की से बाहर पहाड़ों को देखते रहते हैं। फिर तिब्बती भाषा में कुछ कहते हैं।

उनके शब्द जितनी संजीदगी और संवेदना से कहे गए हैं, उनका उतना ही भोथरा उलथा हमें हिन्दी में पता चलता है। मैं उसी में थोड़ी-बहुत संवेदना उड़ेलकर लॉरा को बताती हूँ।

लॉरा एक और प्रश्न पूछना चाहती है। वह काफ़ी समय लगाकर अपने प्रश्नों को बाँधती है। उसे मालूम हो चुका है कि उसके प्रश्न का क्या गुड़-गोबर होकर बूढ़े लामा के पास पहुँचेगा...हमारे प्रश्न का तिब्बती अनुवाद करने वाला पहाड़ी मेरे ज़रिये लॉरा से प्रतिप्रश्न पूछता है। पता चलता है, लॉरा का पूरा मनोविश्लेषण हो रहा है...वह अचानक हमसे बात करना बन्द करके बूढ़े लामा से कुछ कहता है। हमारी कही दस मिनट की व्यथा-कथा को वह आधे वाक्य में कहकर चुप हो जाता है।

लामा कुछ शक, कुछ हैरानी से पहले लॉरा, फिर मुझे देखते हैं। वह एक बार फिर गोट फेंकते हैं। इस बार एक तीसरी किताब निकलवाकर उसमें से कुछ पढ़ते हैं। काफ़ी देर हिसाब करने के बाद तिब्बती में कुछ कहते हैं।

हमारा अनुवादक अब उनके उत्तर के साथ-साथ हमें अपनी कुछ नसीहतें भी दे रहा है। लॉरा है कि हिम्मत नहीं हारती...फिर पूछती है, फिर वही खेल दोहराया जाता है।

हमें आए डेढ़ घंटा बीत चुका। इस बीच भिक्षुणी ने हमारे लिए चाय बनाई है। बूढ़े लामा ने अपनी अलमारी से बिस्कुट निकालकर बड़े स्नेह से हमें दिये हैं।

लेकिन हम देखती हैं, बूढ़े लामा भी थकने लगे हैं। वह लॉरा के प्रश्नों से थके हैं, या उनके अनुवाद से, कहना मुश्किल है।

हम उन्हें नमस्कार कर उनके कक्ष से बाहर आ जाती हैं। भीतर जिस बात का इतना तीखा अहसास नहीं हुआ था, वह बाहर आते ही होता है।

हम एक दिव्य व्यक्ति की संगत में बैठे थे...

इसे सोचकर जितना सुख मिलता है, उतनी ही थकान होती है अपने तिब्बती भाषा न जानने से। ऐसे महापुरुष तक हमारी एक भी बात ठीक-ठीक नहीं पहुँची।

ഗ

हम सीढ़ियाँ उतर रही हैं। गोम्पा की सीढ़ियाँ, खेतों की सीढ़ियाँ, गाँव की, पहाड़ की सीढ़ियाँ। जिस चढ़ाई को स्थानीय लोग पौन घंटे में चढ़ते होंगे, उसे हमने चार घंटे में पार किया। पर अच्छा ही है, कि अभी दिन की रोशनी बची है। हमें फिर नदी पार करनी है। वे सीढ़ियाँ चढ़नी हैं, जिनसे उतरना ही मुश्किल लग रहा था।

लौटकर हम देखती हैं, हमारे कमरे की खिड़की के बाहर रासबिहारी बोस की मूर्ति के नीचे बच्चियाँ उसी तरह खेल रही हैं। क्या इस बीच वे घर ही नहीं गईं?

ഗ

इस बार हम ग़लती नहीं दोहरातीं। होटल छोड़ने से पहले हमने कुली बुलवा लिया है। वैसे भी चढ़ाई होगी। हम समय रहते केलौंग के बस-स्टेशन पहुँच गई हैं। लेकिन एक से दो बजे के बीच मनाली से आने वाली हमारी बस शाम पाँच बजे तक नहीं आती।

हम वहीं बैठी हैं सड़क के किनारे पत्थर पर। पता चलता है, अब हमारी बस क्या आएगी। वैसे भी प्राइवेट डीलक्स बस का कोई ठिकाना नहीं। जो हमने एक सीट के पैसे एडवांस दिये थे, वह भी चौपट। अब एक हिमाचल रोडवेज की बस है—शाम छह बजे केलौंग पहुँचेगी, वही सुबह चार बजे लेह के लिए निकलेगी। हम चाहें तो उसमें जा सकती हैं...

बस-स्टेशन के पास ही एक नया मोटल है। हम वहीं एक कमरा किराए पर लेकर सामान रख देती हैं। अभी घंटा-भर दिन और है। मोटल के आँगन से कारडंग गोम्पा एकदम सामने दिख रहा है। यह सोचकर हैरानी होती है कि कल हम वहाँ गई थीं। बेहाल और बदहवास...

इसी हैरानी पर काबू पाने के लिए हम आँगन में बैठकर अपने-अपने पत्र लिखती हैं। ये पत्र लेह पहुँचने तक हमारी जेब में रहेंगे। सुना है, वहाँ का डाकख़ाना बहुत अच्छा है।

पूर्णिमा का चाँद। केलौंग की निस्तब्ध पहाड़ियों पर छितराया हुआ। क़रीब एक महीना पहले इसे अपने आत्मीयों के साथ साँची के खँडहरों में देखा था। तब यह कितना निकट दिखाई देता था। और अब यहाँ, इस तेरह हज़ार फ़ीट की ऊँचाई पर भी, कितना दूर...सारा केलौंग जैसे इसकी अलौकिक छाया में घिर गया हो।

कहीं से गिटार की मद्धिम आवाज़ आ रही है। हमारे कमरे की बग़ल में ही एक तम्बू में दो विदेशी लड़कियाँ हैं, एक आयरिश, एक स्कॉट। पैट्रीशिया आयरलैंड में बच्चों का थिएटर करती है, हालाँकि वह बैकेट की प्रशंसिका है। निक्की इंग्लैंड में बूढ़े, बीमार लोगों की थैरेपी सीख रही है,

ग़ैर-पारम्परिक चिकित्सा शैली। पैट्रीशिया की आवाज़ बहुत अच्छी है, हालाँकि गिटार निक्की की है।

वे दोनों इसी शाम लेह से पहुँची हैं। उनके पास हमें डराने को लेह की तमाम भयंकर ख़बरें हैं। रास्ते बन्द हैं और उड़ानें रद्द। लेकिन अन्ततः वे भी यही कहती हैं, कि लेह जाना है तो हिम्मत करो। लेह जैसी जगह दुनिया में और कोई नहीं। वैसे स्वयं पैट्रीशिया तीन बार लेह आ चुकी है। इस बार तो वह एक लद्दाखी मित्र की शादी में शामिल होने आई थी। उसने भारत का कोई और हिस्सा नहीं देखा। दिल्ली उतरकर वह हमेशा सीधी लेह आ जाती है। उसे लेह के आसपास सब गोम्पाओं की जानकारी है। एक पत्र वह हमें अपनी लद्दाखी मित्र के नाम देती है, जिनका गेस्ट हाउस लिकीर गोम्पा के पास है। पूरी यात्रा में उस पत्र के इस्तेमाल का मौक़ा नहीं आता। यह शायद हम सबकी पहली और आख़िरी मुलाक़ात हो। देर रात गए तक हम चार अजनबी लड़कियाँ गिटार की धुन पर अपने-अपने देश के गीत गा रही हैं। पूर्णिमा का असर है शायद!

सुबह तीन बजे ही मैं और लॉरा उठ गई हैं। बैक-पैक बाँध लिये हैं। लॉरा स्वयं बस की छत पर चढ़कर हमारे बैक-पैक रखती है। उन्हें रेलिंग से बाँध रही है। मैं उसे देखकर हैरान हो रही हूँ और ख़ुश भी, कि ऐसे सब काम करने के लिए वह मेरे साथ है!

ठीक चार बजे बस चल पड़ती है। जब तक आसमान नीला-बैंगनी नहीं होने लगता, उषा का आभास नहीं होता, फ़िल्मी भजन पूरे ज़ोर से बजते रहते हैं। मेरे जैसे का मन भी बरसों बाद इतने भक्ति-गीत सुनकर पिघलने लगा है...

लेकिन सूरज निकलने के साथ-साथ ईश्वर का भय चुक गया है। अब दुख-भरे गीत बज रहे हैं। लता मंगेशकर के पुराने गीत जिन्हें अनुराधा पौडवाल ने बहुत एकरसता से गाया है।

ଓ

दो-एक जगह नाश्ते-पानी के लिए रुकने के बाद बस पूरी रफ़्तार से चल रही है। हम जैसे किसी खेल के भीतर हैं। एक गाड़ी है, जो तेज़ी से नीचे जाती है, ऊपर आती है। इस घाटी की तलहटी पर दौड़ती है, दूसरे पहाड़ के शिखर पर चढ़ जाती है...

दवा का असर है कि जादू। कभी आँख खुलती है तो बैंगनी पहाड़, कभी इतने भूरे और उचाट जैसे रामकुमार के चित्र ही हमारी बस के साथ-साथ भागे आ रहे हों...क्या मैं उन चित्रों के लैंडस्केप में उतरने के लिए ही इस यात्रा पर निकली हूँ? लद्दाख की उनकी पेंटिंग्स को देखते-देखते कैसी प्यास जगी थी, जैसे अब इस रिक्त, निरभ्र जगह पर चले ही जाना चाहिए...

पेड़ों के जैसी चट्टानें गुज़र रही हैं, जो सुना है, शताब्दियों से बर्फ़ीले तूफ़ान, एवालांचेज़ सहन करते-करते ऐसी बन गई हैं। चट्टानों के झुरमुट, जैसे कोई भूरा जंगल हो! लामायूरू का गोम्पा ऐसी ही चट्टानों से बना है, बस में कोई बताता है। तब तो बहुत सुन्दर होगा, मैं सोचती हूँ।

ଓ

दुनिया के इस सबसे दुर्गम रास्ते पर व्यूह के घेरों जैसे पाँच दर्रे हैं। हम एक में घुसकर दूसरे से निकलती हैं।

दुनिया का सबसे ऊँचा दर्रा—तांगलांग ला—18,000 फ़ीट ऊँचाई। उसके मुक़ाबले लेह सिर्फ़ 13,300 फ़ीट ऊँचा है। उतना ही केलौंग है।

इस दर्रे को पार करने के साथ-साथ हमने अपनी बहादुरी के प्रतिमान स्थापित कर दिये हैं। बचपन में रोहतांग दर्रे तक पहुँचकर ही कैसा गर्व होता था। बर्फ़ के पहाड़ों के पीछे तब मालूम ही नहीं था, कि और भी पहाड़ हैं। अब वह इतने महान दर्रों का बच्चा मालूम होता है!

बस है, कि तांगलांग ला की चोटी पर भी पूरी गति से भाग रही है...

ड्राइवर के पास इतना धीरज नहीं कि दो मिनट रुक ले, उस आश्चर्य-लोक को हमें अपने भीतर समेट लेने दे!

सिरदर्द से लॉरा का बुरा हाल है, लेकिन मैं बिलकुल ठीक हूँ। अक्षरश: 'दुनिया के शिखर' पर। इस यात्रा में दवाओं ने मुझे बचा रखा है। कहाँ 'नन्हे रानीखेत' की सड़क मुड़ते ही घुमेरी आती थी, और अब—तांगलांग ला की घाटी को मैं आँखें फाड़े देख रही हूँ!

ß

पता नहीं कब आँख लग जाती है...हम परियों के देश में हैं, याकि हमीं परियाँ बन गई हैं?

लोरी जैसी लॉरा की जो आवाज़ मेरी नींद में चल रही थी, (वह रास्ता-भर एक फ्रेंच टूरिस्ट से बातें करती रही), अचानक टूट जाती है। वह धीरे से मेरा कंधा छूती है, हम लेह पहुँचने वाले हैं!

मैं तुरन्त सजग हो जाती हूँ। हम छोटे-छोटे गाँवों के बीच से गुज़र रही हैं। आने वाले दिनों में हम यहीं लौटेंगी, गोम्पा देखने। कहीं-कहीं पेड़ दिखते हैं। हरियाली है। लोग तो कहते थे, यह जगह बंजर है!

उजाड़-सा एक बस-स्टेशन दूर से दिखता है। शाम घिर आने को है। मेरा मन डूबने जैसा हो रहा है। अब इस वक़्त हम कहाँ जाएँगी? यहाँ तो दूर-दूर तक कोई नहीं...

लॉरा मेरा बैक-पैक पकड़ा रही है, जिसे इस घड़ी मैं देखना भी नहीं चाहती।

ß

ठिंगनी-सी उसकी पहाड़ी काया। पहले क्षण वह कुली जैसा लगा। फिर उसके कपड़ों पर ध्यान गया तो वह थोड़ा बेहतर दिखा। पता चला, 'हिमालय' होटल का एजेंट है। रास्ता-भर हम निक्की का दिया 'रेनबो' होटल का पता थामे बैठी थीं—सौ रुपये रोज़ का कमरा। बाद में पता चला, उस दाम में तो यहाँ कई कमरे मिल जाएँगे। सीज़न का अन्त होने के कारण टूरिस्ट कम हैं और मुक़ाबला ज़्यादा।

बस से उतरते ही साँस कुछ रुकती-सी लगी। तिस पर बैक-पैक। फिर भी मैं उससे मोल-भाव करती हूँ। तय हुआ, वह हमें ऊपर का कमरा देगा। यहाँ से टैक्सी में ले जाएगा। और अगर हमें उसका कमरा पसन्द न आए, तो हम वही टैक्सी लेकर 'रेनबो' जा सकते हैं। लेकिन उस हालत में टैक्सी का भाड़ा हमें देना होगा। लॉरा की खस्ता हालत देखकर लगता है, सौदा बुरा नहीं है। ज़रा साँस मुड़ आए, फिर कल सुबह उठकर देखेंगे, हमें क्या करना है।

कमरे में हमारा सामान आँक्चुक (यही नाम है उसका) और उसका मित्र टैक्सी ड्राइवर ही पहुँचाते हैं। कमरा अच्छा है। एक एस्टेट पर बनी दोमंज़िला इमारत। तीन कमरे ऊपर, तीन नीचे। कुछ कमरे बाग़ की दूसरी तरफ़ भी हैं।

हमारे कमरे की बड़ी खिड़की पिछवाड़े के बाग़ की तरफ़ खुलती है, जहाँ सबसे पहले कुछ अद्भुत पक्षी दिखते हैं। इसी क्षण आने वाले प्रवास के लिए यह कमरा तय हो गया है।

☙

नींद है कि जैसे सैलाब। साढ़े सात बजे शाम को हम अलार्म लगाकर सोती हैं कि साढ़े आठ बजे उठकर बाज़ार जाएँगी। होटल में खाने का इन्तज़ाम नहीं है। शायद इसीलिए सस्ता है...अपने-अपने घर हमें फ़ोन करके ख़बर करनी है कि पहुँच गई हैं।

अलार्म जिस तत्परता से बजता है, लॉरा की अधसोई बाँह उसी तत्परता से उसे चुप करा देती है। हम सोती रहती हैं।

क़रीब साढ़े ग्यारह बजे मेरी आँख खुलती है, जैसे दम घुटा जाता हो। बहुत भूख है, बहुत प्यास, लेकिन इतनी हिम्मत नहीं कि उठकर बैठ सकूँ। लॉरा को देखती हूँ तो वह नीम-बेहोश लगती है। दो बार पुकारती हूँ—लॉरा, लॉरा....

कोई जवाब नहीं, कि साथ लाए स्नैक्स ही खा लें। सुबह होते-होते, कई बार लगता है, हम यहीं इसी कमरे में मृत पाई जाएँगी...

ॡ

क़रीब आठ बजे सुबह मेरी आँख खुलती है। लॉरा जाने कब से जागी बैठी है। हमारी खिड़की से सेंपो गोम्पा की पहाड़ी और संकर गोम्पा का गुंबद हल्का-सा दिखाई दे रहा है। सारा लेह एक विचित्र नीली रोशनी में चमक रहा है।

लॉरा उसी नीले पक्षी को देख रही है, जो कल आते ही मुझे दिखा था। कठफोड़वा, मोर जाने किन-किन नस्लों की झलक उसमें दिखाई देती है। लेकिन वह किसी के जैसा नहीं। उसका जोड़ा भी कहीं से आ गया है। कुछ ही दिनों में हम उनका पूरा परिवार वहाँ देखेंगी, पिछवाड़े के पेड़ों के झुरमुट में। वे सब सैलानियों के सूखते कपड़ों की क़तारों के बीच इस तरह फुदकते घूमते हैं, जैसे पक्षी नहीं, छौने हों!

ॡ

हवा में ठंडक है। सामने गाँव से होकर एक शॉर्ट-कट रास्ता बाज़ार की तरफ़ जाता है। ढलान है। हमारे पास नामों की सूची है, जो हमने अलग-अलग किताबें पढ़कर बनाई थी। जैसे ही कोई नाम मिलता है, किसी दुकान या रेस्तराँ का, हम उत्साहित हो उठती हैं, जैसे हम पहले भी यहाँ कभी आई हों। हमने स्वेटर, शाल और मोज़े पहन रखे हैं। हमारा वेश देखकर कोई भी कह सकता है, लेह में यह हमारा पहला दिन है!

जर्मन बेकरी और उनका मशहूर टोमैटो-कॉटेज चीज़ सैंडविच। विदेशी सैलानियों की भीड़ में से रास्ता बनातीं कैफ़े में एक तरफ़ हम भी बैठ गई हैं। विदेशियों के पहरावे, उनकी सफ़ाई को देखकर कितने ही अनुमान लगाए जा सकते हैं। एक बात तय है कि हमें हिप्पी टाइप सैलानी पसन्द नहीं। और अगर वे गंदे कपड़े पहने, बिना नहाए हों, तो बिलकुल ही नहीं।

हमारी मेज़ के ठीक सामने एक बहुत ही नफ़ीस लड़की बैठी है। ज़रूर फ्रेंच होगी। उसके गहरे ब्लाउज़ में से झाँकती उसकी लम्बी गर्दन, झुकी आँखें, भरे होंठ जो अपनी चुप्पी में बेहद रहस्यमय जान पड़ रहे हैं...पता नहीं,

उसका दोस्त उससे क्या कह रहा है। वह स्ट्रॉ से मुँह हटाकर कभी-कभी हल्के से गर्दन हिलाती है, जैसे बातें करने का सारा ज़िम्मा गर्दन का हो।

हम एक अजनबी शहर में, पहली सुबह की अटपटी, दोस्ताना मुस्कराहट उसकी तरफ़ बढ़ाती हैं, लेकिन वह हमारी तरफ़ देखती ही नहीं। जैसे उसकी आँखों के आगे कोई धुंध है और उस धुंध के कहीं बहुत पीछे हम दोनों।

जाने कब एक स्थानीय युवक उसकी बग़ल में आकर बैठ गया है। उसकी आँखें गुलाबी हैं। या तो वह नशे में है, या असन्तुलित, और या लफंगा। जैसे ही हमें भान होता है, कि वह आदमी कुछ समय से हमें वैसी ही मुस्कान भेज रहा है, जैसी अभी तक हम उस लड़की को—हम सतर्क हो जाती हैं। अब हमारा सारा ध्यान अपने नाश्ते पर केन्द्रित है!

ꟹ

बाहर निकलकर हम उसी तंग-सी गली में आ गई हैं, जो गाँव और क़स्बे के बीच कहीं ठिठकी रह गई है। दोनों तरफ़ दुकानें हैं—तिब्बतियों की, लद्दाखियों की, कश्मीरियों की।

एक जगह रुककर हम टोपियाँ ख़रीदती हैं—चौड़े रिम वाली, रिवर्सिबल, दोनों तरफ़ से पहनी जा सकने वाली। मैं गेरुआ-पीला रंग चुनती हूँ। बाद में ध्यान आता है, यह तो बौद्ध भिक्षुओं के रंग हैं! लॉरा नीला-बैंगनी। इन्हें पहनकर चेहरे और गर्दन के कुछ हिस्से सूरज से बचाए जा सकते हैं। इतनी चढ़ाई पर, इतनी पैदल यात्रा में हमारी छतरियाँ सब फ़ेल हैं। अब हम धूप में बिना घबराए काफ़ी दूर तक चलती रह सकती हैं।

ꟹ

क़रीब डेढ़ घंटा हम पैदल चलती रहती हैं—एक गली से दूसरी गली तक। इस बीच हमने डाकख़ाना देख लिया है। चिट्ठियाँ पोस्ट कर दी हैं। लंच के लिए 'तिब्बतन फ्रेंड्स कार्नर' कहाँ है, देख लिया है। (यह नाम हमने किताब

में से चुना है।) लेह शहर की एक कच्ची-सी रूपरेखा हमने समझ ली है। डाकख़ाने के बाहर ही पीले रंग के बैनर पर लद्दाख महोत्सव की घोषणाएँ हैं। मास्क-डांस यहीं पास में हो रहे हैं, एक गली छोड़कर, तिब्बती बौद्ध महासंघ के प्रांगण में।

कल और परसों आल्ची गोम्पा में, जो यहाँ से तीन घंटे बस की दूरी पर है, सहस्त्र वर्ष महोत्सव है। सैलानियों के अवलोकनार्थ कुछ ऐसे कक्ष खोले जाएँगे, जो सामान्यतया बन्द रहते हैं। हम कितनी भाग्यशाली हैं, कि हम लेह में उस समय हैं, जब यह आयोजन हो रहा है...क़िताबों में पढ़ा था, आल्ची और लिकीर का तिब्बती बौद्ध धर्म में वही स्थान है, जो भारतीय कला में अजंता और एलोरा का। आल्ची तो यूनेस्को द्वारा संरक्षित 'वर्ल्ड हेरिटेज' स्मारक भी है...मास्क-डांस जहाँ हो रहा है, वहाँ सैकड़ों दर्शकों की भीड़ है।

तिब्बती संगीत की अपनी ही गति है। नृत्य की पोशाकों के नीचे से गेरुए वस्त्र झाँकते दीखने से मालूम होता है, कि ये सब नर्तक नहीं, भिक्षु हैं जो समूह-नृत्य प्रस्तुत कर रहे हैं। रौद्र मुद्राओं के मुकुट, जिनमें तिब्बती तांत्रिक मिथकों को पहचाना जा सकता है। नृत्य में वीर-गाथाएँ हैं—ज्ञान-प्राप्ति की, बुराई पर अच्छाई की, मृत्यु पर जय की। जैसे ज्ञान-प्राप्ति स्वयं में ही एक वीर-गाथा हो...

साढ़े तेरह हज़ार फ़ीट की ऊँचाई पर, जहाँ हम कम ऑक्सीजन की अभ्यस्त होने के लिए पैदल चल रही हैं, भिक्षु लोग नाच रहे हैं। दो-दो चोगे पहने हुए। पुराने, रेशमी, कहीं-कहीं से उधड़े या फटे हुए चोगे।

जाने कितने वर्षों से इन नृत्योत्सवों में इन्हें पहना गया होगा। इस दुर्गम प्रदेश में, लम्बे बर्फ़ीले महीनों की ऊब मिटाने के लिए मठों के निर्जन एकान्त में भिक्षुओं ने इन्हें रचा होगा। विशुद्ध अपने मनोरंजन के लिए। अब वे लेह की चिलचिलाती धूप में नाच रहे हैं और सैलानी पेड़ों या मठ की सीढ़ियों की छाया में बैठे इन्हें देख रहे हैं। रंगीन चश्मे, सन-स्क्रीन लोशन और टोपियाँ लगाए।

ଓ

नृत्य ख़त्म होते ही हम अपने कमरे में लौटती हैं—लदे-फँदे कपड़े बदलने, चप्पल पहनने। अभी हमें लंच के लिए 'तिब्बतन फ्रेंड्स कार्नर' लौटना है। फिर शहर के दूसरे छोर पर बने बस-स्टेशन की तरफ़। शायद टूरिस्ट सूचना-केन्द्र से भी कोई जानकारी मिले। हमें कल आल्ची-लिकीर जाने की व्यवस्था भी करनी चाहिए। मोदी-लुफ़्त से एक बार वापसी का टिकट भी कन्फ़र्म कर लें—सभी दफ़्तर पास-पास हैं।

दोपहर बुरी ख़बरों से भरी है...मोदी-लुफ़्त की उड़ानें पिछले दस दिनों से नहीं आ रहीं और अभी पन्द्रह दिनों तक कोई उड़ान नहीं। उसके बाद तो लेह का मौसम वैसे ही ख़राब होने लगेगा। हम टिकटों पर 'उड़ान रद्द' का ठप्पा लगवाकर बाहर निकल आती हैं। पैसे वापस दिल्ली में ही मिलेंगे। यानी अब हमें वापसी की अप्रत्याशित मुसीबतों के लिए पैसा अलग रख लेना चाहिए।

जम्मू-कश्मीर टूरिस्ट सूचना-केन्द्र में दो घरेलू-सी औरतें बैठी हैं। पास ही एक दो-तीन साल का बच्चा बैठा है। सैलानियों के सवालों का जवाब देने की बजाय उनकी दिलचस्पी बच्चे में ज़्यादा है, जो शायद अभी-अभी रोकर चुप हुआ है।

हमारे सब प्रश्नों के उत्तर में वे सामने नोटिस बोर्ड की तरफ़ इशारा करती हैं। एक तरफ़ रोडवेज़ की लोकल बसों का टाइम-टेबल लगा है। आल्ची के लिए शाम चार बजे बस जाएगी, लिकीर के लिए भी। वही बस अगले दिन सुबह सात बजे लेह लौटेगी।

लेकिन हम कल शाम चार बजे तक लेह में करेंगी क्या, जबकि आल्ची में सुबह से समारोह हो रहा होगा? पता चलता है, अगर हम सुबह सात बजे वाली बस से सासपोल चली जाएँ, तो दिन बच सकता है। सासपोल बीच में है। उसके दाईं तरफ़ लिकीर और बाईं तरफ़ आल्ची है—पाँच-पाँच किलोमीटर पर। पहाड़ी रास्ता है, वाहन का ज़रिया नहीं। लेकिन लेह में बैठे रहने की बजाय तो पाँच किलोमीटर चल लेना बेहतर है। तब भी हम दोपहर तक किसी एक गोम्पा में तो पहुँच जाएँगी।

अपनी इस योजना पर हम बहुत उत्साहित हैं। क्या कोई विश्वास कर सकता है, कि सिर्फ़ चौबीस घंटे पहले, इसी बस-स्टेशन पर हमारी साँस उखड़ रही थी, और रात-भर हमें लगता रहा था कि सुबह हम मरी पाई जाएँगी?

ꕥ

शाम होते ही हवा फिर ठंडी हो गई है और हम एक बार फिर अपने कमरे की तरफ़ दौड़ी जा रही हैं। मौसम का सही अन्दाज़ा न होने के कारण कभी हमने कम कपड़े पहने होते हैं, कभी ज़्यादा। हमें तुरन्त लौटना है, लेह के बाज़ार में, जहाँ की कितनी ही चीज़ें देखने—ख़रीदने का मन हो रहा है।

वह कश्मीरी की दुकान होगी। वही लोग ऐसा करते हैं। ज़्यादा बोलकर बाद में कम करेंगे। ये लद्दाखी की दुकान है। न ज़्यादा दाम बोलेगा, न कम करेगा।

कई दुकानों में कोई सुन्दर और वाजिब दाम की लोकल चीज़ ढूँढ़ने की हमारी कोशिश में यह बात सुनाई पड़ती है।

एक ही चीज़ के हर दुकान में इतने अलग-अलग दाम हैं कि हम तय नहीं कर पातीं, सही क्या है। लेकिन कश्मीरियों और लद्दाखियों के बीच तनाव की एक धुँधली-सी झलक मिलने लगी है। कई दुकानों के शो-विंडोज़ पर, कई गलियों के मोड़ों पर छोटे-छोटे हैंडबिल चिपके हैं—फ्री लद्दाख फ्रॉम कश्मीर। लद्दाख को कश्मीर से मुक्त करो। लेह का ध्वस्त महल कश्मीरी आक्रमण का कटु स्मारक है। उसे हम कुछ दिनों बाद देखेंगी। क्या यहाँ भी देर-सबेर एक युद्ध होने को है?

ꕥ

सुबह पौने सात बजे ही सासपोल जाने वाली मिनी बस लगभग भर गई है। फिर भी हमें टिकट के साथ सीट का नम्बर मिल गया है।

एक बूढ़ी लद्दाखन औरत हमारे पास खिड़की की सीट पर बैठी है।

भूरा चोगा, बहुत सारे चाँदी के गहने। नाक और कानों में असंख्य छेद—गहने अटकाने के लिए। और न जाने कितनी चोटियाँ। सिर के ऐन बीच में ताज़ा फूल खोंसे हुए। ये फूल इसने कैसे लगाए होंगे?

मैं अभी हैरान हो रही हूँ कि कुछ आगे बैठी वैसी ही एक युवा स्त्री अपने सिर से कुछ उतारती है। उसके सूने, नंगे सिर को देखकर सैलानी हैरान हों, इससे पहले ही वह हँसने लगती है। उसके साथ ही बस के दूसरे यात्री भी।

हमारे साथ बैठी हमारी लद्दाखन नानी माँ अपने चोगे में से निकालकर हमें कुछ देती है। मेवे हैं। हमें संकोच होता है। वह अपनी भाषा में शायद कह रही है, *खाओ मेरे पास और हैं।*

सड़कें बनने और रास्ते खुलने के बाद (लेह-मनाली रोड तो अभी 1989 में ही बनकर तैयार हुआ है!) वह हमारे जैसी जाने कितनी 'छोकरियों' को रोज़ देखती होगी—अपने प्राचीन समय के उस पार से। यह तय है कि ऐसा परिवर्तन उसके जीवन-काल में होगा, यह उसने शायद ही सोचा हो।

ꕥ

क़रीब आधे घंटे बाद एक छोटी-सी नदी हमारी बस के साथ चलने लगती है। हम पहाड़ के ऊपर हैं। वह उधर बहुत नीचे...

यह सिंधु नदी है। इसी से हमारी सभ्यता का नाम 'हिन्दू' हुआ। नदी बाद में दिखती है, हरियाली पहले। बल्कि नितान्त बंजर पहाड़ों के बाद जब अचानक किसी हिस्से में पेड़ दिखने लगते हैं, तो वहीं कहीं पानी होने का अनुमान लगता है।

क़रीब एक घंटे बाद एक और नदी दीखती है। ज़ंस्कार। यही ज़ंस्कार नदी कारगिल की दिशा में बढ़ती हुई दक्षिण को मुड़ जाएगी। ढाई-तीन सौ किलोमीटर की दूरी पर ज़ंस्कार का विश्व-प्रसिद्ध गोम्पा है। सैलानी ट्रेकिंग करते हुए वहाँ तक जाते हैं। सर्दियों में नदी जमी हो, तो पैदल सात दिन में ज़ंस्कार से लेह पहुँचा जा सकता है। अभी ज़ंस्कार जाने का कोई सीधा, आसान रास्ता नहीं।

यहीं, हिमालय की गोद में इन दो महान नदियों का संगम दीखता है। आने वाले दिनों में हम यहाँ नौका-विहार करते हुए आएँगे...

बस इक्का-दुक्का गाँवों में रुकते हुए आगे बढ़ रही है। गाँव इतने छोटे हैं कि एक जगह पर शायद ही सौ घर भी हों। लेकिन पाठशालाएँ हैं। बस में भी बच्चों के रट्टे लगाने की आवाज़ें पहुँच रही हैं। ईश्वर जाने, हमारी सभ्यता का सामना करने के लिए अभी से वह क्या कह रहे हैं!

कुछ लोग उतर रहे हैं। लॉरा ने अभी-अभी एक साइनपोस्ट देखा था। यहाँ से लिकीर का पैदल रास्ता है। साढ़े पाँच किलोमीटर। सासपोल से हमें यहीं वापस आना पड़ेगा। कंडक्टर का सुझाव है, हम यहीं उतर जाएँ, शाम छह बजे लेह से आल्ची जाने वाली बस इसी जगह से गुज़रेगी। हम कोशिश करें, तो उसे पकड़ सकती हैं। हम उसे बहुत धन्यवाद देती हैं, वरना यह पन्द्रह किलोमीटर तो हमें पैदल ही जाना था!

सपाट, बंजर प्रदेश। वही बैंगनी चट्टानें और मिट्टी। कच्चे ऊबड़-खाबड़ रास्ते पर पहियों के निशान हैं। शायद जीपें जाती हों!

हम धीरे-धीरे आगे बढ़ रही हैं। क़रीब दो किलोमीटर बाद फिर हरियाली शुरू हो गई है। दूर कहीं लोगों के गाने की आवाज़ आ रही है, जैसे अफ़्रीकी गीत हों। कुछ देर बाद सात-आठ लोगों का झुंड दिखाई देता है। सामने खेतों में। फ़सल काट रहे हैं और गा रहे हैं...

क्या सारी दुनिया के किसान एक ही धुन में गाते हैं?

मेरा सुझाव है, हम अपने बैक-पैक इनके पास छोड़ दें। अगर ये लोग मान जाएँ तो! वे सब के सब बहुत हँसमुख हैं। एक आदमी कुछ पढ़ा-लिखा मालूम होता है। पता चलता है, वह पहले भारतीय सेना में था। अब रिटायर होकर यहाँ गाँव में खेती-बाड़ी करता है। उसकी मिनी बस भी चलती है। यानी अपने समाज में तो वह बहुत प्रतिष्ठित आदमी हुआ! लेकिन दीखते वे सब एक जैसे ग़रीब ही हैं...

उन्हें हमारे बैग रखने में कोई परेशानी नहीं। बल्कि बेहतर होगा, अगर हम वहाँ सामने उनके घर में रख दें। लेकिन पहले हम चाय पी लें। (जो इस बीच एक महिला ले आई है।)

वे सब एक मोटी-सी ब्रेड खा रहे हैं। क्या हमने कभी लद्दाखी रोटी नहीं खाई? उन्हें हैरानी होती है। झेंपते हुए हम एक-एक टुकड़ा लेते हैं। सादी, गेहूँ के आटे की 'ब्रेड', जो खमीर और नमक न होने के कारण बहुत सादी है, लगभग बेस्वाद। लेकिन हम तारीफ़ करते हैं। आख़िर हमें वहाँ अपने बैग छोड़ने हैं!

चढ़ाई फिर शुरू हो गई है। ऐसी चढ़ाई पहले कभी नहीं देखी। आँख से नहीं दिखती, लेकिन मांसपेशियाँ बता सकती हैं कि वे चढ़ाई चढ़ रही हैं। जब ढलान आती है, जो कि उतनी ही अदृश्य है, तब भी टाँगें बता देती हैं...लिकीर जाने वाले इस रास्ते पर हमारी टाँगें ही हमारी आँखें बनी हुई हैं।

क़रीब डेढ़ घंटे से गोम्पा दिख रहा है, एकदम साफ़, सामने पहाड़ी पर, लेकिन सड़क है कि ख़त्म होने में नहीं आती। पीछे मुड़कर देखती हूँ, तो न चढ़ाई नज़र आती है, न उतराई।

शायद ऐसी ही यात्राओं के लिए *बृहद आरण्यक* में कहा गया होगा—

> उसके लिए कोई सुख नहीं, जो यात्रा नहीं करता। मनुष्यों के समाज में रहते हुए मनुष्य पापी हो जाता है, इसलिए भ्रमण करो...
>
> एक यात्री के पाँव फूलों के समान हैं। उसकी आत्मा बढ़ती है, फलती-फूलती है, और उसके समस्त पाप उसकी यात्रा की थकान से नष्ट हो जाते हैं। इसलिए भ्रमण करो...
>
> जो मनुष्य बैठा रहता है, उसका भाग्य उसके साथ बैठा रहता है। जब वह सोता है, उसका भाग्य सोता है। जब वह चलता है, उसका भाग्य उसके साथ चलता है। इसलिए भ्रमण करो...

☙

इतने लम्बे रास्ते में पहली बार दो लड़कियाँ मिलती हैं। शायद वे लिकीर गाँव की ही हैं। बताती हैं कि कुछ दूरी पर एक पुल आएगा। उसे पार कर शॉर्ट-कट ले लें तो हम जल्दी पहुँच जाएँगी।

जल्दी? तीन घंटे से तो हम चले जा रही हैं...पुल, खेत, सड़क के साथ-साथ चलती पानी की कूल, खड़ी चढ़ाई।

आख़िर हम पहुँचती हैं। गोम्पा में इमारत का काम चल रहा है। एक भिक्षु तसले में गारा भरकर मज़दूर से उठवा रहा है। दूसरी तरफ़ लिकीर की प्रसिद्ध भिक्षुशाला है, जहाँ इस इलाक़े के क़रीब सौ बाल भिक्षु पढ़ते हैं।

☙

ग्यारहवीं सदी में बना लिकीर का यह बहुमंज़िला मठ एक भूल-भुलैया है, यह वहाँ पहुँचते ही पता चल जाता है। एक अंग्रेज़ अपने साथियों से बिछुड़ गया है और उन्हें पुकारता मठ में डोल रहा है। मालूम नहीं, इस समय वे मठ के कौन से हिस्से में हैं। हालाँकि मठ बहुत फैला हुआ नहीं है, लेकिन अधिकतर कक्ष इस तरह बने हैं कि दूसरे हिस्से से नज़र नहीं आते। कुछ देर तक हम भी भटकते रहते हैं। सबसे ऊपर की मंज़िल से यह गोम्पा दूर-दूर तक फैले लद्दाख के पर्वतों में और भी निर्जन जान पड़ता है।

एक कक्ष के बाहर जूते देखकर अनुमान होता है कि सब सैलानी यहीं हैं। यह मठ का संग्रहालय है। दिन के धुँधले प्रकाश में दीवारों पर टँगे सात-आठ सौ साल पुराने थाँका चित्र ठीक से दिखाई नहीं पड़ते। जिन यात्रियों के पास टॉर्च है, वे भाग्यशाली हैं। हमारी टॉर्च हमारे बैक-पैक में पीछे किसानों के पास रह गई है...थाँका के अलावा मठ की दिनचर्या में काम आते रहे सैकड़ों वर्ष पुराने पात्र भी काँच की अलमारियों में रखे हैं। कुछ पुरानी पोशाकें भी। जिन लोगों ने उन्हें पहना होगा, वे क्या कभी जानते होंगे कि एक दिन देश-विदेश के अजनबी सैलानी उनकी निजी वस्तुएँ देखने आएँगे?

यहाँ भी काँच में दलाई लामा की तसवीरें खोंसी हुई दिखती हैं। इस यात्रा में हमें दलाई लामा हर जगह मिलेंगे—ड्राइवर की सीट के पास, रेस्तराँ में, टूरिस्ट दफ़्तर में, मठों में। कितनी ही तसवीरों में वह अब भी 1949 के वही युवक लगते हैं, जो तेईस साल की अवस्था में फ़ौजों से बचकर हमारे देश आए थे। बौद्ध लोग उनकी तसवीर के सामने सुबह-शाम अगरबत्ती जलाते हैं। उन पर बाहरी घटनाओं का कोई असर नहीं। उनके लिए वह अवतार हैं। जीवित, साक्षात अवतार। यह सारा प्रदेश एक तरह से सदियों से उन्हीं के प्रभुत्व का क्षेत्र रहा है। कौन कहता है, वह शरणार्थी हैं?

प्रभारी लामा कुल चार कक्ष हमारे लिए बारी-बारी खोलते हैं। हर कक्ष में मोटे-मोटे ताले लगे हैं। एक बार में एक ही विशालकाय चाबी पकड़ी जा सकती है। गोम्पा के आँगन में सात-आठ साल का एक बाल भिक्षु चाबी लाता-ले जाता भागता फिर रहा है...

रेशमी कपड़ों में लिपटे धर्म-ग्रंथ। एक के बाद एक भित्ति-चित्र में महात्मा बुद्ध केन्द्र में समाधिस्थ। इनके एक-एक नक़्श को भिक्षुओं ने अपने एकान्त में बनाया होगा...एक कक्ष में बुद्ध की विशाल, सुनहरी प्रतिमा है—मिट्टी से बनी। बुद्ध के बाल नीले क्यों बनाए गए हैं? यह कभी डॉक्टर गोविन्दचंद्र पांडे से पूछना होगा। उन्हें ऐसी सब बारीकियों के उत्तर मालूम होते हैं...गोम्पा की प्रदक्षिणा करके मैं और लॉरा बाहर आ जाती हैं।

अब उतराई ही उतराई है। जो रास्ता हमने चार घंटे में तय किया था, वह चालीस मिनट में पार हो जाता है। हम अपने बैग लेने मिस्टर नामग्याल (यही नाम है उस किसान फ़ौजी का) के खेत पर पहुँचकर देखती हैं, कि जहाँ हमने फ़सल देखी थी, अब वह जगह ख़ाली है। उन्होंने लगभग सारी फ़सल काट ली है। वह फिर आग्रह करते हैं कि हम चाय पीकर जाएँ। कच्चे लिपे फ़र्श वाला, बहुत बड़ा, साफ़-सहेजा घर है। एक बड़े हॉल जैसे कमरे में एक तरफ़ रसोई है, लद्दाखी चूल्हा। दूसरी तरफ़ ज़मीन पर ही बैठने के गद्दे।

उनके सामने चौकसे (चौकियाँ), बारीक नक़्क़ाशी में तराशे हुए, कत्थई रंग में पुते हुए। लद्दाख इन चौकसों के लिए प्रसिद्ध है। इनमें ड्रैगन और फूलों की नक़्क़ाशियाँ लोकप्रिय हैं। लेह पहुँचकर हम इनके 'फ़ोल्डिंग अवतार' भी देखेंगी। सुन्दर, लेकिन हमारी साधारण जेब की पहुँच से परे।

मिस्टर नामग्याल बार-बार हमें अपने घर रुकने की दावत देते हैं, लेकिन हम धन्यवाद देती हुईं बाहर निकल आती हैं। यदि बस छूट गई तो लौट आएँगी, यह कहकर।

सड़क अभी दूर है। देर तक हमें अन्देशा बना रहता है कि कहीं बस छूट तो नहीं गई...फिर दूर से ही तीन लोगों को देखकर तसल्ली होती है, जिनमें एक आठ-दस साल का स्कूली बच्चा भी है। वे सब उसी बस का इन्तज़ार कर रहे हैं। बच्चा बहुत दुबला है और भूखा। हम उसे चने पेश करती हैं तो वह तुरन्त स्वीकार कर लेता है। शायद उसके पास कपड़े भी बहुत कम हैं। वह एक झीने-से स्वेटर में ठिठुरता खड़ा है।

अन्ततः बस आती है। सवारियाँ भरी हैं। किसी तरह हम भी चढ़ गई हैं। यह बस हमें आल्ची गोम्पा तक ले जाएगी, जो आल्ची गाँव से भी तीन किलोमीटर आगे है। बस की खिड़की के बाहर अँधेरा घिर रहा है। इस समय हम इस बस के अलावा और क्या माँग सकती थीं?

बस जहाँ जाकर रुकती है, वहीं समारोह हो रहा है। लद्दाखी संगीत की आवाज़ें बाहर तक आ रही हैं। रास्ते में ही एक गेस्ट हाउस दिख गया था। हम वहीं लौटती हैं। सस्ता और साफ़—अब वह दो दिनों के लिए हमारा घर है।

आज हम कितना चले? तेरह या पन्द्रह किलोमीटर। पहले लेह के एक सिरे से दूसरे तक, फिर लिकीर रोड हेड से लिकीर गोम्पा तक अप-डाउन। लॉरा कहती है, प्रोफ़ेशनल ट्रेकर्स भी पन्द्रह किलोमीटर तक ही चलते हैं और हमने तो दिल्ली में न कभी सैर की, न व्यायाम। हमारे लिए बुरा नहीं। नींद अच्छी आएगी...

सुबह उठती हैं, तो हवा में समारोह की गंध मिलती है। शायद गोम्पा में काफ़ी सवेरे से पूजा शुरू हो गई है। नहा-धोकर हम भी गोम्पा पहुँचती हैं।

लिकीर से बहुत अलग वातावरण है यहाँ। लिकीर में गोम्पा पहाड़ के शिखर पर था। आल्ची में समतल जगह पर।

छेदतेन (मठ के बाहर बनी पवित्र दीवारें, समाधियाँ, स्तूप की बौनी शक्ल में, गोलाकार) का समूह दिखता है। सभी कक्ष खुले हैं। सभी में विदेशी सैलानी अपनी-अपनी गाइडें लेकर घूम रहे हैं। जर्मन भाषा में इन मठों के चित्रों के बारे में एक विस्तृत पुस्तक लगभग सभी के पास है। दूसरी तरफ़ एक फ्रेंच महिला गाइड सैलानियों को एक भित्ति-चित्र की बारीकी टॉर्च की रोशनी में दिखाकर कुछ समझा रही है। लेकिन न हमें फ्रेंच आती है, और न ही हमारे पास कोई ऐसी पुस्तक है कि हम सब बारीकियाँ ख़ुद पकड़ सकें। अपने ही देश में कमज़ोर नज़र के सैलानी की तरह मेरे लिए सब धुँधला है...

छत को छूती विशालकाय बुद्ध-मूर्तियाँ लगभग हर कक्ष में हैं। ऐसे शिल्प इससे पहले चीन और बैंकॉक के मन्दिरों में देखे थे। उन मन्दिरों के लिए पहले मूर्तियाँ बनाई गईं, और फिर उनके इर्द-गिर्द मन्दिर की दीवारें, छतें खड़ी की गईं। लेकिन कहाँ चीन और बैंकॉक और कहाँ लद्दाख का यह दुर्गम प्रदेश!

तब क्या प्राचीन 'सिल्क रूट' से आने-जाने वालों ने सदियों पहले यह कलात्मक एकता फैलाई होगी?

बुद्ध—भूत, वर्तमान, भविष्यत्—अपने तीनों स्वरूपों में लगभग हर कक्ष में प्रतिष्ठित हैं। मूर्तिकला और चित्रकला का ऐसा अनूठा संगम इससे पहले नहीं देखा...विशालकाय मूर्तियों की सुनहरी देह पर थाँका परम्परा के उत्कृष्ट चित्र हैं। भगवान बुद्ध की काया परम्परा से स्वर्णिम मानी गई है। कहते हैं, उनके अन्तिम दिनों में, जब वह अस्वस्थ थे, और कुशीनारा जा रहे थे, रास्ते में मिले एक व्यापारी ने उन्हें स्वर्ण-वस्त्र भेंट किया, जिसे उन्होंने सौजन्यतावश ओढ़ लिया। परन्तु उनके ओज के सामने वह स्वर्ण-वस्त्र भी मैला नज़र आने लगा...ऐसे तेजस्वी थे वह!

सभी जगह भगवान बुद्ध की उसी तंद्रिल अवस्था के चित्र हैं, जो हमने दूसरी जगहों पर भी देखे थे। लेकिन यहाँ आल्ची की दीवारों पर वे एक विचित्र उत्तप्त उत्थान में पहुँचते देखे जा सकते हैं...सदियों पहले भिक्षुओं की यह

सामूहिक अभिव्यक्ति यदि आज भी संसार को व्याकुल रखने की क्षमता रखती है, तो इसका उत्तर उनकी भावनात्मक सघनता में ही ढूँढ़ा जाना चाहिए।

पता नहीं क्यों, आल्ची के मन्दिर मुझे एक अजीब तरह से ख़ाली कर देते हैं...ख़ाली और शिथिल। दूसरों के पूजा-स्थलों में मैं क्या कर रही हूँ?

क्या संशय एक कंकर है, जिसे मैं इस यात्रा में बार-बार अपने भीतरी कुएँ में फेंकती हूँ?

अगली सुबह आल्ची से लेह जाने वाली बस नहीं आती।

आ भी सकती है, नहीं भी।

हमारे होटल का मालिक कहता है। वह एक भला आदमी है, जिसका सारा परिवार—पत्नी और दोनों बच्चियाँ इस होटल को चलाने में खट रहे हैं। अभी उन्हें इसका अभ्यास नहीं है, यह हर बात में उनकी हड़बड़ाहट देखकर मालूम हो जाता है।

अपने बैक-पैक उठाए, बिना अधिक प्रश्न किये हम चल पड़ी हैं। अब हमें सासपोल पहुँचना है। यहाँ से आठ किलोमीटर दूर। वहीं से कुछ मिलने की उम्मीद है। सासपोल मुख्य लेह-कारगिल सड़क पर है। फिर वही रास्ते हैं। मुश्किल शॉर्ट-कट्स के ख़तरे, पैरों के नीचे फिसलते पत्थर और खड़ी चढ़ाइयाँ-उतराइयाँ।

जब भी मेरा पैर फिसलता है, लॉरा मुझे सँभालती है। एक बार तो पैर के नीचे का पत्थर यूँ फिसलता है, कि लगता है, वहाँ नीचे सिंधु नदी में क्रिया-कर्म होकर ही रहेगा...

यहाँ सिंधु अपने विराट आकार में है। उसके ऊपर बने पुल से हम दूसरी ओर पहुँचती हैं। यहाँ से चट्टानों पर अगर चढ़ जाएँ, तो ऊपर वाली सड़क आल्ची गाँव की है। कम-से-कम एक किलोमीटर का शॉर्ट-कट। उसके बाद सासपोल।

सासपोल पहुँचने तक अभी सवा नौ बजे हैं। लेह जाने वाली बस ग्यारह बजे आएगी। हम सड़क के किनारे एक चट्टान पर बैठ गई हैं।

दो विदेशी लड़कियाँ वहाँ पहले से ही बैठी हैं। हमारे सिर के ठीक ऊपर सेब का पेड़ है। लॉरा का प्रिय फल। वह उन्हें तोड़ने के लिए बार-बार उचक रही है। इक्का-दुक्का ट्रक सड़क से गुज़र रहे हैं। कुछ देर बाद हम देखती हैं, एक ट्रक रुकवाकर वे दोनों विदेशी लड़कियाँ उसमें रवाना हो गई हैं। हम दोनों मूर्खों की तरह एक-दूसरे को देखती हैं।

क्या विचार है?

कोई हर्ज़ नहीं।

अब हम भी ट्रक रुकवाने की फ़िराक़ में हैं। दो-तीन ट्रक गुज़र गए हैं, लेकिन हाथ देने की हिम्मत नहीं होती। आख़िर एक ट्रक को मैं हाथ देती हूँ। वह रुक जाता है। उसके रुकते ही मैं घबराने लगती हूँ। क्या सचमुच इसमें हमें जाना चाहिए? लेकिन लॉरा ने हेल्पर को हमारे बैग पकड़ाने शुरू कर दिये हैं। वह उन्हें ट्रक की छत पर रख रहा है।

पहले मैं ही ट्रक पर चढ़ती हूँ। ऊँचा पहिया, पहिए के ऊपर फुट-रेस्ट... हैंडिल पकड़े मेरा हाथ काँपता है, लेकिन मैं बिना मदद के चढ़ जाती हूँ और काफ़ी देर अपने पर हैरान बैठी रहती हूँ। एक स्कूली बच्चा वहाँ पहले से ही बैठा है। कुछ देर बाद वह उतर जाता है। अब ट्रक में हम चार लोग हैं—ड्राइवर, मैं, लॉरा और हेल्पर। ड्राइवर की सीट के पीछे वाली सीट बहुत लम्बी है—उसके एक हिस्से में गद्दे-रज़ाइयाँ पड़े हैं, बाक़ी जगह में हम तीनों बैठे हैं। कुछ देर बाद ध्यान जाता है, बोनट के पास पड़े कुकर पर। टीन की चौहद्दी में रखे स्टोव पर।

मैं बात शुरू करती हूँ। अपने डर पर काबू पाने का यही एक तरीक़ा है। पता चलता है, वे लोग श्रीनगर से आटा लेकर लेह जा रहे हैं। इससे पहले कि बर्फ़ गिरने से लेह सारी दुनिया से कट जाए, इस मौसम में सभी ट्रक लेह में ऐसा ही ज़रूरत का सामान लाते हैं—लकड़ी, आटा, चारा। मैं श्रीनगर के हालचाल पूछती हूँ।

—हाल क्या हैं जी, पहले लोग उसे जन्नत कहते थे। अब उस जहन्नुम से भागना चाहते हैं।

मेरी बहुत उत्सुकता है, कि मैं उससे पूछूँ, तुम हिन्दू हो या मुसलमान, लेकिन अपने पर ही शर्म आती है।

—आपका क्या ख़याल है, ग़लती किसकी है?

—किसकी कहें जी, मारा तो दोनों तरफ़ से कश्मीरी जा रहा है।

—फिर भी?

—सी.आर.पी.एफ. ने शुरुआत की थी। औरतों का रेप किया। बाद में उग्रवादियों को भी शह मिल गई। वो भी यही सब करने लगे।

—आपको कितना वक़्त हो गया ट्रक चलाते?

—पाँच साल।

—उम्र क्या है आपकी?

—तेईस साल।

वह यक़ीनन तेईस साल से बड़ा और बूढ़ा लगता है। लेकिन ध्यान से देखती हूँ तो उसकी असमय झुर्रियों और बढ़ी हुई दाढ़ी के नीचे उसका तेईस साल वाला चेहरा तुरन्त नज़र आता है—भोला और ग़ुस्सैल।

—घर में कौन-कौन हैं?

—मैं और माँ। एक बहन थी, मुझसे बड़ी, उसकी शादी कर दी।

—और पिताजी?

—जी मेरा बाप क्रास-फ़ायरिंग में मारा गया। सात साल पहले। वो ज़िन्दा होता तो क्या मैं ट्रक चलाता?

—वो क्या करते थे?

—स्कूल में टीचर था। मैं एस.एस.सी. कर रहा था। वो चाहता था, मैं बी.ए. पास करके कोई ढंग की नौकरी करूँ। उग्रवादी उसे धमकाने आए, तू टीचरी छोड़ दे। लेकिन वो स्कूल जाता रहा...उसके मरने के बाद मुझे नौकरी मिली, रहम की बुनियाद पर। लेकिन मेरा दिल नहीं लगा।

—क्यों?

—मैं घूमना चाहता था। नई-नई जगहें देखना चाहता था। मेरे मामा ने मुझे इस लाइन में डाल दिया। वो भी ट्रक चलाता है। जी वो अच्छा आदमी नहीं है...जितनी देर मेरा बाप ज़िन्दा रहा, हमने उससे बात नहीं की थी। मेरी माँ तो अभी भी उससे दूर ही रहती है।

—आपकी माँ कैसी हैं?

—बड़ी भोली है। उसे इस दुनिया का कोई पता नहीं। उसके भोलेपन के कारण ही तो मेरा बाप उसे इतना चाहता था।

—कितनी उम्र थी आपके पिताजी की?

—छोटी ही थी। हम दोनों भाई लगते थे।

—आपकी बहन?

—जी उन दिनों बड़ा फ़साद था। मुझसे बड़ी थी। हमें तो पिताजी के पी.एफ़. के पैसे मिले, तो सबसे पहले उसकी शादी की। अब वह अपने घर में सुखी है।

—आपकी शादी नहीं हुई?

—मुझे नहीं करवानी। वह कुछ देर चुप रहता है, फिर कहता है, मेरा दिल जल गया है।

जिस तरह वह कहता है, मैं कुछ और नहीं पूछ पाती। वह मेरे बारे में पूछता है, मेरे परिवार के बारे में। फिर लॉरा के बारे में। हम उसे बताती हैं।

—आप लोग श्रीनगर से क्यों नहीं आए?

उसे हैरानी होती है कि हम मनाली से लेह गए थे, जबकि श्रीनगर वाला रास्ता कहीं कम दुरूह है, नज़दीक है और बहुत सुन्दर।

—लौटोगे श्रीनगर से?

शायद ऐसा करना बेहतर माना जाता है। इस बहाने दोनों तरफ़ के रास्ते देखे जा सकते हैं।

—नहीं, मनाली से ही।

—क्यों?

—यह डरती है।

मैं लॉरा की तरफ़ इशारा करती हूँ, जबकि सच यह है कि मैं भी डरती हूँ।

—वह नहीं, आप डरते हो।

—नहीं तो, मुझे क्या डर?

—मैं आपका मुँह देखकर बता सकता हूँ।

कुछ देर हम चुप रहते हैं।

—आप दोनों मेरे साथ चलो श्रीनगर। मेरी माँ आपको देखकर बहुत ख़ुश होगी।

हम कुछ हास्यास्पद से बहाने बनाती हैं। हमें दिल्ली पहुँचना है तुरन्त। अर्जेंट।

—भाई के होते हुए आप डरते हो? मेरे रहते कोई आपकी तरफ़ नज़र उठाकर नहीं देख सकता।

मुझे अचानक बहुत तसल्ली और ख़ुशी होती है। मैं विषय बदलने लगती हूँ।

—आपने शादी क्यों नहीं की?

वह एक बच्चे की तरह हँसता है।

—मेरी मँगनी हुई रखी है। बीस दिन बाद मेरी शादी है...

—अच्छा तो यह बात है! अभी तक बताया क्यों नहीं?

वह सिर्फ़ सपनीला-सा हँस रहा है। सामने देखते हुए ट्रक चला रहा है।

—आपने उसे देखा है?

वह कहता है—नहीं। फिर—हाँ!

—आपकी माँ ख़ुश हैं?

—बहुत!

अब मेरा मन करता है, हम सचमुच उसके साथ चली जाएँ। उसके शगुनों में जाकर शामिल हों।

—अच्छा, एक बात बताओ। आपने इससे पहले भी किसी ट्रक को हाथ दिया था?

—नहीं।

—आपको डर नहीं लगा?

—थोड़ा-सा लगा था।

—आपको हम पर यक़ीन कैसे आया?

—पता नहीं, कह नहीं सकती।

अब मैं उससे पूछ रही हूँ।

—क्या टूरिस्ट अक्सर लिफ़्ट लेते हैं?

—हाँ।

—और आप दे देते हैं?

—मूड की बात है, हमेशा नहीं।

—आपने हमारे लिए ट्रक क्यों रोका?

—कह नहीं सकता। मैं तो बल्कि हैरान हूँ, क्योंकि जब आपने हाथ दिया, उस वक़्त कुकर में हमारी सब्ज़ी बन रही थी। ऐसे में हम कभी ट्रक नहीं रोकते।

—सब्ज़ी यहाँ बन रही थी?

—हाँ। लेकिन आप फ़िक्र न करें, अब वह पीछे आ रहे ट्रक में बन रही है। नौशाद उन्हें कुकर दे आया था...

—आप लोग दो-तीन ट्रक एक साथ चलते हैं?

—हाँ, कोई मुसीबत पड़ जाए, तो दूसरा मदद के लिए आ सकता है।

हम इधर-उधर की बातें कर रहे हैं। अचानक वह पूछता है।

—लेह के लोग कैसे हैं?

—ठीक ही हैं।

—क्या वहाँ सब फ़रिश्ते रहते हैं?

—नहीं तो...सब लोग एक जैसे तो नहीं होते।

—फिर आपको कश्मीर से डर क्यों लगता है?

जवाब के नाम पर मुझे कुछ नहीं सूझता। कुछ भी नहीं।

लेह आने से पहले हम एक जगह रुककर चाय पीते हैं। वह पैसे देने की ज़िद करता है, मेरी एक नहीं सुनता। हम उससे पूछती हैं, क्या हम ट्रक में बैठे सबकी फ़ोटो खींच सकती हैं? हाँ, हाँ, क्यों नहीं। मैं उसका पता लिखती हूँ ताकि उसे ये फ़ोटो भिजवा सकूँ। वह कहता है, बहन, न जाने कितनों ने मेरा पता लिया...

—अगर तसवीरें पहुँच गईं, तब तो यक़ीन करेंगे?

—हाँ, कर लूँगा।

लेकिन आख़िर तक मैं उसे अपना पूरा नाम नहीं बताती, पता नहीं देती...न वह माँगता है। लेह पहुँचकर मैं उसकी जेब में कुछ रुपये डालना चाहती हूँ।

—रशीद भाई, हमने आपकी सब्ज़ी बीच में रुकवा दी थी। कुछ मीट वग़ैरह ले लेना।

वह ग़ुस्से और नाराज़गी में रुपये उसी ज़ोर से मुझे वापस थमा देता है।

—ख़ुदा का दिया हुआ काफ़ी कुछ है। कुछ कम पड़ रहे हों, तो भाई को बताओ।

मैं शर्मिंदा-सी ट्रक से नीचे उतर आती हूँ।

यह लेह का बाज़ार है। अब फिर चढ़ाई है, दोपहर है, और हमारी आँखें गीली हैं।

हेलेना नोरबर्ग का नाम हमने लेह की कई दुकानों के बाहर लिखा देखा था। वह हर बृहस्पतिवार को इकोलोजिकल सेंटर में 'लद्दाख : एंश्येंट फ़्यूचर्स' नामक विषय पर बोलती हैं। इसी नाम की उनकी पुस्तक ऑक्सफ़ोर्ड यूनिवर्सिटी प्रेस ने प्रकाशित की है। पिछले बीस वर्षों से वह लद्दाख में रह रही हैं। उन्होंने इस समाज का क़रीब से अध्ययन किया है। हम उनके भाषण के लिए ही ख़ास तौर पर लेह पहुँची हैं।

सबसे पहले एक वीडियो फ़िल्म दिखाई जाती है। उसमें लेह में आए बदलावों पर चिन्ता है। यहाँ के वातावरण में ट्रकों आदि का प्रदूषण कैसे फैल रहा है, पोलिथिन के कूड़े पर चिन्ता, आदि। फ़िल्म में लेह का इतिहास नहीं, न ही कोई मर्म। यहाँ के बौद्ध निवासियों की आन्तरिक छवि तक नहीं। कुल मिलाकर एक

ठेठ अमरीकन एक्टीविज़्म की फ़िल्म, जिसके एजेंडा में कम-से-कम आज शाम मेरी कोई रुचि नहीं। पता नहीं, आँकड़ों की इस बौछार से बाहर निकलने में मुझे इतनी देर क्यों लग रही है। क्या मैं क्रॉस-फ़ायरिंग से डर गई हूँ?

ꕥ

राफ़्टिंग के लिए चलें?

लद्दाख महोत्सव के कारण सस्ती टिकटें मिल रही हों, तो कौन इस अनुभव को छोड़ना चाहेगा? बाक़ी सैलानियों की तरह हम भी सुबह नौ बजे राफ़्टिंग के लिए पहुँच गई हैं। लॉरा एक बार ऋषिकेश में राफ़्टिंग कर चुकी है। लेकिन सिंधु नदी में, वह भी लेह जैसी ऊँचाई पर राफ़्टिंग करना कुछ अलग ही बात है...

उसकी सलाह पर मैंने स्नीकर्स की बजाय खुला जूता पहन लिया है, ताकि भीगे तो जल्दी सूख भी जाए। जींस की बजाय अपनी अमरीकन शॉर्ट्स में मुझे ज़्यादा सहूलियत लग रही है, जबकि बेचारी लॉरा अपनी 'हिन्दुस्तानी' शर्म के कारण सलवार-कुर्ते में राफ़्टिंग करने आई है। आज हम कोई और ही लड़कियाँ हैं। मठों के लिए दिन-भर भटकने वाली नहीं, बल्कि सैलानियों वाले 'एडवेंचर' करने वाली। आज हम दिन-भर सिर्फ़ नदी और पर्वतों के साथ रहेंगी...

लेह से आधे घंटे की दूरी पर हम सबको ले जाया जाता है। लगभग चालीस लोग हैं। दुनिया-भर से। हिन्दुस्तान से अकेली मैं, हमारी पवित्र सिंधु नदी पर नौका-विहार करने वाली। और या हमारी नावों के हिन्दुस्तानी राफ़्टर्स। टेलीविज़न वाले महोत्सव कवर करने आए हैं। इतने विदेशियों के रहते बार-बार मुझ पर फ़ोकस करके भारतीयों की कमी पूरी की जा रही है—लॉरा मुझे बताती है। मेरे 'दर्प' का कोई ठिकाना नहीं।

लाइफ़-जैकेट्स और हेलमेट पहनने के बाद हमने अपने-अपने चप्पू चुन लिये हैं। वैसे तो हमें इन अपेक्षाकृत शान्त पानियों में राफ़्टिंग करनी है, लेकिन सभी ग्रुप आगे जाने की होड़ लगाकर तैयार बैठे हैं। शायद यही इस राफ़्टिंग का आकर्षण और चुनौती है।

ଔ

लेकिन राफ़्टिंग एक और बारे में भी है...पल-पल बदलते पानियों के साथ राफ़्टर का रिश्ता भी पल-पल बदलता जाता है। एक ही नदी के कितने रंग, कितने पक्ष इतनी बारीकी से दिखते हैं...अभी नदी शान्त थी, अभी वह चौड़े पाट वाली हो गई। यहाँ पानी में एक चट्टान गिरी पड़ी है, जो दूर से दिखाई नहीं देती थी। इससे टकरा जाओगे। सावधान, सब एक हो जाओ, अब उलटी दिशा में चप्पू खेओ...अब रुक जाओ। वह सामने लहर तुम्हें डुबोने को ही आगे बढ़ी आ रही है। चप्पू छोड़ दो। नौका को कस के पकड़ लो। पाँवों को अच्छी तरह जमा लो...इतना ही नहीं। नदी जैसे पर्वतों के संग खेलती चलती है। कहीं वे उसके किनारे से बहुत दूर हैं, कहीं उनकी नुकीली चट्टानें ऐन उसके सिर पर...

यह वह नदी नहीं, जो बस की खिड़की से दिखती है। जिसके बारे में सभ्यता-संस्कृति की किताबों में पढ़ा जाता है...यह कोई और ही चीज़ है—ज़िद्दी, आवेगमयी, अपनी जीवन्तता में दूसरों को बिलकुल डुबो देने वाली। इसकी शाश्वत सत्ता को समझने के लिए इसके तेज़ भयंकर भँवरों को इन नश्वर आँखों से देखे बिना नहीं समझा जा सकता...

शायद इसीलिए हमारे यहाँ अन्तिम राख नदी में बहा दी जाती है... समूची पृथ्वी पर, समूची प्रकृति में सिर्फ़ नदियाँ हैं, जो ईश्वर से मनुष्य तक, मनुष्य से ईश्वर तक आती-जाती हैं...प्रकृति की बाक़ी सब चीज़ें—पर्वत, पेड़, धरती—अपने होने में कितनी जड़ हैं। सिर्फ़ नदियाँ चलती रहती हैं, क्योंकि वे अनादि-अनन्त हैं...सभ्यताएँ यदि उनके किनारे जन्म लेती हैं, तो मनुष्य उनके किनारे दम तोड़ना चाहते हैं...

ଔ

ज़ंस्कार-सिंधु नदी के संगम पर पहुँचकर हमारी नौका-यात्रा ख़त्म हो जाती है। पर्यटन विभाग की ओर से ही लंच की व्यवस्था है। यहाँ हिन्दुस्तान के कुछ

पुराने समर्पित मुरीदों से मिलने का यह अनूठा अनुभव है। एक बूढ़े मेक्सिकन दम्पती हैं, डेनमार्क में बसे हुए, वे पिछले ग्यारह वर्षों से भारत आ रहे हैं। वर्ष में दो बार—गर्मियों में सिर्फ़ लेह में रहने और सर्दियों में भारत के दूसरे हिस्सों का भ्रमण करने। उनकी उम्र देखकर कुछ ईर्ष्या-सी होती है। अभी तक उनके फेफड़े ठीक हैं। हमारा तो जाने क्या होगा!

एक फ्रेंच आदमी मिलता है, जो पिछले सात सालों से भारत आ रहा है, जिनमें पिछली तीन बार वह सिर्फ़ लद्दाख क्षेत्र में घूमता रहा। वह चट्टानें देखकर बता सकता है, कौन से गोम्पा के पास किस तरह की चट्टानें हैं। उसे प्रसिद्ध गोम्पाओं के अलावा कुछ दुर्गम, अनजान जगहों के बारे में भी अच्छी-ख़ासी जानकारी है। अभी दो दिन पहले वह लेह से चालीस मील दूर एक प्राकृतिक गुफा देखने गया था, जहाँ कहते हैं, गुरु पद्मसम्भव ने भीषण साधना की थी...

एक चेक लड़का मिलता है, जो पिछले दो महीनों से यहाँ तीन कपड़ों और एक स्लीपिंग बैग के साथ घूम रहा है। उसे सब मालूम है, लेह की किस बेकरी में तीन रुपये में चॉकलेट केक मिल जाता है। उसकी शक्ल देखकर कोई भी बता सकता है कि उसने कई दिनों से भरपेट खाना नहीं खाया है, लेकिन उसकी किताबें देखकर मन प्रशंसा से भर जाता है। वह रामकृष्ण मिशन द्वारा प्रकाशित 'ज्ञान योग' (मूल्य 20 रुपये) पढ़ रहा है और बी.आई. पब्लिशर्ज़, दिल्ली से छपी 'तिब्बतन तांत्रिक बुद्धिज़्म' (मूल्य 60 रुपये)। इतने पैसे शायद ही उसने अपने एक वक़्त के भोजन पर ख़र्च किये हों!

लेकिन हमारे हिन्दुस्तानी भाई कहाँ हैं? बाल-बच्चों, नौकरी-गृहस्थी, ससुराल-रिश्तेदारी के चक्कर में उन्हें शायद ही याद हो, कि सरस्वती की तरह सिंधु विलुप्त नदी नहीं, कि इस देश की धरती पर वह अब भी कहीं बहती है, कि हिमालय और सिंधु का वैभव देखने भी कभी निकलना चाहिए...

अभी हमारी प्रदक्षिणा पूरी नहीं हुई। लेह के आसपास बने गोम्पा हमने आख़िरी दिनों के लिए छोड़ दिये थे। हमें मालूम है कि सब गोम्पाओं के लिए सुबह और शाम बसें छूटती हैं।

आज हम अधनींद में ही सुबह-सुबह लेह बस अड्डे पहुँच गई हैं। रास्ते में हमने गाँव से दो कश्मीरी रोटियाँ ली थीं, तीन रुपये की। लॉरा की खोज हैं वे! पंजाबियों की तंदूरी रोटी जैसी, लेकिन खसखस के दानों की ड्रेसिंग के कारण बहुत कुरमुरी। हम पिछले कई दिनों से इसी रोटी का नाश्ता कर रही हैं...लॉरा सुबह सैर करने के लिए जाती है, तो लौटते हुए गाँव के तंदूर से रोटियाँ ले आती है और हम उन्हें अपने कमरे में चीज़ और शहद के साथ खा लेती हैं। हालाँकि सुबह होते ही तंदूर पर आदमियों की लाइनें लगी रहती हैं, लेकिन लॉरा के विदेशी, और लड़की होने के कारण भले लोग उसे पहले जाने देते हैं...हम बस स्टैंड के पास ही एक चट्टान पर बैठकर नाश्ता कर रही हैं। और बस का इन्तज़ार। कई लोग इन्तज़ार में खड़े हैं, लेकिन आज बसों का दूर-दूर तक कहीं नामो-निशान नहीं।

काफ़ी देर बाद मालूम होता है, आज इक्का-दुक्का बसें ही आएँगी, क्योंकि चुनाव हैं। ज़्यादातर बसों की ड्यूटी चुनाव दफ़्तरों में लगी है। क़रीब दस बजे एक खटारा मिनी बस आती है। वह कारू गाँव तक जा रही है, हेमिस से पाँच किलोमीटर पहले तक। हेमिस गोम्पा सबसे दूर है। हम सबसे पहले उसे ही देखने की योजना बनाती हैं। फिर रास्ते में रुक-रुक कर ठिकसे और शे गोम्पा देखती लौट आएँगी।

जहाँ हमें बस उतारती है, वहाँ एक छोटा-सा पुल है। सिंधु नदी यहाँ एक पतली-सी धारा है। हेमिस का गाँव इतना उजाड़ है कि कहीं परिंदा तक नहीं। जैसे अभी-अभी हमलावर फ़ौजें यहाँ से गुज़री हों!

दूर दिगंत तक फैले पर्वत हैं। ऊँचे। बीच में एक सपाट मैदान, जिस पर पगडंडी के निशान तक नहीं! और हम दो लड़कियाँ। हमारा सीना ऐसे हाँफ रहा है कि चाहे तो समूची घाटी उसे सुन सकती है...अब हमारे भीतर सचमुच वह थकान भरती जा रही है, जो मुक्त करती है, जिसके लिए यात्राएँ की जाती हैं...

ഗ്ദ

खड़ी चढ़ाई पर चट्टानों की एक 'क्रीक' में हेमिस गोम्पा बना है। प्रांगण देखकर ही मालूम हो जाता है कि यह लेह का सबसे बड़ा गोम्पा है। एक ही क़तार में पाँच विशाल मन्दिर साथ-साथ बने हैं, जिन्हें एक गलियारा आपस में जोड़ता है। पहले मन्दिर में गुरु पद्मसम्भव की वह शिला-आकृति है, जिसके कारण हेमिस प्रसिद्ध है। उनका रौद्र रूप देखकर एक विचित्र-सा भय घेरता है। ऐसी आतंककारी मूर्ति के साथ तो सिर्फ़ भिक्षु ही रह सकते हैं...हम जल्दी ही बाहर आ जाती हैं।

साथ वाले मन्दिर से घंटियों और मंत्रोच्चारण की आवाज़ें आ रही हैं। पंक्ति में बैठे कुछ भिक्षु पूजा कर रहे हैं। अगरबत्ती की महक चारों ओर फैली है...गुरु पद्मसम्भव के मन्दिर के बाद ऐसा स्थान पा लेना गुरु-कृपा का ही संकेत है, वरना जाने कब तक उस मूर्ति की हैबत बनी रहती! हेमिस के आँगन में ही हम वह पेड़ देखती हैं, जो कहते हैं, एक तपस्वी लामा की छड़ी में से उग आया था, जब वह साधनारत थे...सूचना-पट्ट पर नाम पढ़ने की कोशिश करती हूँ, लेकिन वह धुँधला गया है। क्या मिलारेपा? लेकिन वह तो तिब्बत में हुए थे...

लद्दाख के सब मठों में सम्भवत: हेमिस को प्रचंड साधना का स्थान कहा जा सकता है। क्या यही कारण है कि यहाँ के भिक्षुओं जैसे प्रसन्नचित्त भिक्षु हमने और कहीं नहीं देखे? संसार को त्यागने के बावजूद उससे हँसकर मिल सकना—यह प्रचंड साधना के कारण ही सम्भव हो सकता होगा...कुछ भिक्षु हमसे हमारी ट्रेकिंग के हाल ऐसे सुन रहे हैं, जैसे हमारे सगे भाई-बन्धु हों! उनमें जो गोम्पा के गेस्ट हाउस के प्रभारी हैं, हमें रात वहीं रुक जाने की सलाह देते हैं। आज उन्हें बसों के आने का रत्ती-भर भी विश्वास नहीं। गोम्पा में रुकने का मोह होता है, लेकिन कल हमें दिल्ली की बस लेनी है...लम्बी यात्रा है। यदि आज लेह पहुँच सकें, तो बेहतर रहेगा।

सीढ़ियों पर एक नन्हा, सुकोमल बाल-भिक्षु बैठा है। गेरुए वस्त्रों में लिपटा। लगभग चार वर्ष का। उसके माता-पिता ने उसे यहाँ दे दिया है।

वे डिस्किट में रहते हैं। उसका शर्मीला बाल-मुख और सपनीली आँखें—जैसे किसी पिक्चर पोस्ट कार्ड का हिस्सा हों।

ऐसे कितने ही बच्चे इन गोम्पाओं में दे दिये जाते हैं...बड़े लामा सगे माता-पिता की तरह उनकी देखभाल करते हैं, मठ के नियम सिखाते हैं, धर्म-ग्रंथों की शिक्षा देते हैं। धीरे-धीरे बीता हुआ सब भूल जाता है। सिर्फ़ बचपन की अबोध पीड़ा याद रह जाती है, जब वे एक परिवार से बाहर कर दिये गए थे और दूसरे में अभी रच नहीं पाए थे...

इस यात्रा के दौरान एक भिक्षु के जीवन का यही मर्म सीखा, कि कभी किसी भिक्षु से यह नहीं पूछना चाहिए, वह यहाँ कैसे आया। इस संसार की स्मृति ही वह एकमात्र पीड़ा है, जिसके बारे में वह सोचना नहीं चाहता...

हम लौट आई हैं। कारू हाईवे पर लौटकर हमें सेना के जवानों से पता चलता है, कि अब सिर्फ़ मनाली से आने वाले ट्रकों पर भरोसा किया जा सकता है। उन्हीं में से एक हमारे लिए एक ट्रक रुकवाता है, बात करता है। हमें लिफ़्ट मिल गई है। हम बिना किसी की मदद के ऊपर चढ़ गई हैं। रशीद के ट्रक के मुक़ाबले यह ट्रक बहुत साफ़ है। लगभग अभिजात। चीज़ें इतने करीने से रखी हैं, जैसे घर का ड्राइंग रूम हो। काफ़ी देर चुपचाप यात्रा करते रहने के बाद ड्राइवर साहब हमसे बात शुरू करते हैं, लेकिन हमारी कोई दिलचस्पी नहीं। ठिकसे के गोम्पा का आभास मिलते ही हम उनसे ट्रक रोकने को कहती हैं। धन्यवाद देकर उतर जाती हैं।

ठिकसे गोम्पा की दसों मंज़िलें दूर से ही चमक रही हैं। सफ़ेद, बहुमंज़िली इमारत की छोटी-छोटी खिड़कियाँ, जहाँ से भिक्षु संसार को ताका करते होंगे...

मन्दिर सबसे ऊपर की मंज़िल पर है। वहाँ पहुँचने के लिए गोम्पा के बाहर से सीढ़ियाँ बनी हैं—चौड़ी, पक्की सीढ़ियाँ। हम धीरे-धीरे चढ़ आती हैं। रास्ते में एक तरफ़ नल पर कुछ भिक्षु मिलकर एक कालीन धो रहे हैं। गहरी नीली पृष्ठभूमि पर सफ़ेद-गुलाबी ड्रैगन बना है। ज़रूर तिब्बती कालीन होगा।

इस गोम्पा में काफ़ी रौनक है। गाँव के बीचोबीच होने के कारण यहाँ स्थानीय श्रद्धालु भी काफ़ी हैं। कई भिक्षुओं के परिवार इसी गाँव में हैं। पता नहीं, अपने छूटे हुए परिवारों को देखकर वे क्या सोचते होंगे?

हर कक्ष का प्रभारी एक अलग भिक्षु है। प्राय: हर भिक्षु हमें बड़े उत्साह से अपने कक्ष की सब चीज़ें दिखाता है। मुख्य मन्दिर में, जहाँ से हमने प्रवेश किया था, वहाँ से मैत्रेय बुद्ध की विशाल ऊँची स्वर्णिम प्रतिमा का आधा मुख दिखाई पड़ता है। उनके मुख के दर्शनों के लिए भवन के ऊपरी भाग में मूर्ति के गिर्द परिक्रमा बनाई गई है...नीचे झाँकने से प्रतिमा का शेष धड़ दिखाई पड़ता है। मैत्रेय भगवान बैठे हैं। नीचे की मंज़िल केवल भिक्षुओं के लिए खोली जाती है...प्रतिमा की साफ़-सफ़ाई के लिए।

मैत्रेय की ऐसी ओजस्वी प्रतिमा मैंने और कहीं नहीं देखी। भविष्य के यह बुद्ध जैसे अभी से समस्त मानवता को अपनी अधमुँदी आँखों से देख रहे हों। कहते हैं, भगवान शाक्यमुनि रात को जब विश्राम के लिए लेटते थे, तब निद्रा में जाने से पहले सृष्टि की सब वस्तुओं को, सब जीवों को अपनी करुणा भेजा करते थे...

एक कक्ष में धुँधले पड़ चुके भित्ति-चित्रों के पुनरुद्धार का काम चल रहा है। किसी स्थानीय अकादमी द्वारा भेजे कलाकार धुँधले चित्रों पर नई लकीरें उकेर रहे हैं। वे जितनी ठंडी, मशीनी दक्षता से चित्र भर रहे हैं, उसे देखकर आतंक होता है...भक्ति का वह कोमल भाव यहाँ सिरे से ग़ायब है, जिसके कारण सैकड़ों वर्ष पुराने ये भिक्षु-चित्र आज भी संसार में आश्चर्य का स्थान रखते हैं।

तब फिर क्या हर चित्र की रेखाओं का एक गुप्त, आन्तरिक जीवन होता है, जिसके रहस्य को हम भले ही न जान पाएँ, लेकिन झूठ को तुरन्त पकड़ लेते हैं? क्या समस्त महान कला अज्ञात के साथ अपने इस मौलिक सम्बन्ध में ही अद्वितीय होती है? कुछ दिन पहले हमने आल्ची की दीवारों पर भी ऐसा ही भोथरा काम देखा था और यह सोचकर काँप गई थीं कि अगर सभी गोम्पा इसी तरह 'ठीक' किये जाते रहे, तो इसका पाप अपने सिर कौन लेगा?

वापसी में हमें एक मैटाडोर से लिफ़्ट मिल गई है। छुट्टी का दिन होने के कारण स्कूल के कुछ छात्र अपने अध्यापकों के साथ गोम्पा-दर्शन करने निकले हैं। उन्हीं ने हमें अपनी मैटाडोर में बिठा लिया है। वे सब शे गोम्पा जा रहे हैं। लेह के रास्ते पर आख़िरी गोम्पा। लद्दाख के भूतपूर्व राजा के महल में। सुना है, वहाँ के गोम्पा में बुद्ध प्रतिमा की प्रदक्षिणा की बड़ी महिमा है। सब पाप धुल जाते हैं...इस समूची यात्रा में यह प्रदक्षिणा करने की मेरी और लॉरा की बहुत इच्छा थी...

छात्रों का झुंड काफ़ी आगे चला गया है। लॉरा भी मुझसे पहले चट्टानें फलाँग गई है। सिर्फ़ मैं पीछे रह गई हूँ...अपनी काया को घसीटती धीरे-धीरे चढ़ाई चढ़ रही हूँ। बीता हुआ सारा जीवन मेरी आँखों के आगे घूम रहा है। अधकिए पाप, शोक, प्रायश्चित्त, थकान...

इस यात्रा में कहीं तो वह पड़ाव आएगा, जब इस शरीर में थकान पूरी तरह से बस जाएगी। कभी तो यह हताश सिर निष्प्रश्न होकर ईश्वर के चरणों में झुक जाएगा। कहीं तो इसके संशय का कंकर पीछे छूटेगा...

[1996]

एक भिक्षु की अनुपस्थिति में

उसने कहा
एक दिन वह
बेच देगी अपनी आत्मा
उसके हाथों
जैसी भी है मैली-गँदली

लेकिन
भिक्षु क्या करेगा
किसी की आत्मा का?

और
'ख़रीदेगा' तो वह
क्योंकर?

और फिर, अन्ततः वह क्षण आता है—शाश्वत-समय में, इतिहास-समय में—जब समस्त पृथ्वी के सब प्रेम इकट्ठे होते हैं, उस एक को ढूँढ़ने जाने के लिए, जो बहुत पहले किसी अज्ञात सत्य के पीछे चला गया था...

अनुपस्थित को लौटा लाने के लिए...

अनुपस्थिति को पा जाने के लिए...

ഗ

जब तुम एक भिक्षु के तिलिस्म में होते हो, तब यह *दैवी* का विचार है, जिसे तुम प्रेम करते हो। *तुम्हारे* भिक्षु का मुख ईश्वर का चेहरा है। उसका सुन्दर, तेजस्वी चेहरा...

उसे देखने-भर से तुम्हारे भीतर एक असीम शान्ति, एक असीम सुख का संचार होता है...

लेकिन एक भिक्षु क्या देखता है ऐसी स्त्री के मुख पर?

निश्चय ही, वह उसका पिघला हुआ चेहरा देखता है।

लेकिन वह कुछ और भी देखता है।

उसकी वर्जित देह।

उसका जाल।

उसका जंजाल।

एक स्त्री के प्रति एक भिक्षु कभी करुणामय नहीं हो सकता। सबसे उदात्त क्षणों में भी नहीं।

ഗ

कभी एक भिक्षु की तपस्या को हल्का नहीं समझना चाहिए...किसी को भी नहीं।

उसकी तपस्या सम्मान करने योग्य है।

बल्कि विस्मयाकुल होने योग्य।

प्रेम कर रही स्त्री के पास विस्मयाकुल होने के अतिरिक्त कोई उपाय नहीं...

एक भिक्षु से प्रेम करने का कोई आसान रास्ता नहीं।

☙

तसवीर खींचने की इच्छा?

यानी समय आ गया है।

जाने का समय

आज्ञा लेने का समय।

अपनी समस्त जड़ें उखाड़ लेने का समय, जो इतनी सरलता से तुमने वहाँ आते ही जमा ली थीं...

तसवीर खींचने की इच्छा यानी अपनी समस्त जड़ें अपने साथ घसीट ले जाने की इच्छा—उनकी नग्नता में, उनकी समस्त दयनीय निरुपायता में...

☙

तसवीर एक स्मृति है।

एक घाव की स्मृति।

वह तुम्हें कभी यह भूलने नहीं देती कि तुम लौटना नहीं चाहते थे और तुम्हें लौटना पड़ा था...

☙

तसवीर खींचने की इच्छा एक छल है, जो तुम अपने साथ करते हो...

तुम सोचते हो, इस तसवीर को खींचने के साथ-साथ तुम दुनिया को झेलने के बेहतर लायक़ हो जाओगे।

उसका सामना ज़्यादा अच्छी तरह से कर सकोगे।

विडम्बना यह है कि तुम्हारे हाथों में यह तसवीर ही तुम्हें संसार का सबसे करुण प्राणी बनाएगी...

॰

शुरू-शुरू में तुम तसवीर को बार-बार देखते हो। व्याकुल।

एक बार।

दूसरी बार।

जब तक कि तुम इस देखने से स्वयं को थका नहीं डालते।

इस लगातार देखते रहने से, तुम्हें लगता है, तुम पीड़ा को हल्का कर सकोगे।

अलग होने की पीड़ा को...

वापस लौटने की पीड़ा को...

॰

तुम तसवीर में के चेहरे को तब तक देखते रहते हो, जब तक कि तुम देखने में असमर्थ नहीं हो जाते।

जितना तुम देखने में असमर्थ होते हो, उतना एक लहर तुम्हारे सीने में ऊपर उमड़ती आती है। तुम्हें डुबो देने के लिए। अन्तिम तौर पर। निर्णायक तौर पर।

अपूरणीय क्षति की लहर...

प्रथम आर्य सत्य...

॰

तसवीर एक अनुपस्थिति है।

वह कभी भी उस खाई को नहीं भर सकती, जिसे भरे जाने के उद्देश्य से वह पहले-पहल ली गई थी।

समस्त अनुपस्थितियाँ *भरे* जाने का प्रतिरोध करती हैं...

॰

एक अनुपस्थिति अपनी जगह स्वयं गढ़ती है।
महीन ब्लेड से।
धीरे-धीरे।
बिना किसी के जाने।

क्या इसीलिए स्मृति के घाव होते हैं?
और घावों की स्मृति?

ᘛ

उनकी अनुपस्थिति में वह उनके घर जाती है। अचकचाती।
रसोई के दरवाज़े से। अपने जूते बाहर छोड़।
घर के मेहमान ने उसे भीतर बुला लिया है। रसोई में कुछ बन रहा है।

कल वह इस घर से बाहर थी।
इसके बन्द दरवाज़े, खिड़कियाँ देखती हुई।

कौन-सी खिड़की उनकी होगी?
वह कुछ कह नहीं सकती।

वह हर खिड़की के आगे रुकती है।
क्या यह?
क्या यह वह जगह है, जहाँ उनकी दृष्टि ठहरती होगी, वह जब भी बाहर देखते होंगे?
वह तय नहीं कर पाती।
लेकिन एक बात के बारे में वह पूरी तरह आश्वस्त है। वह आज वहाँ नहीं हैं... कल भी नहीं होंगे...वह उनकी अनुपस्थिति के प्रति इतनी आश्वस्त है कि आँगन में चली आती है। यदि वह यहाँ होते तो ऐसा करने की उसकी मजाल नहीं थी...

हर खिड़की के सामने वह रुकती है। कहीं भी अटकती।
क्या यह सम्भव है कि एक दिन वह इस सबके बारे में जान जाएँगे?

ॐ

वह घर की परिक्रमा करती है।
एक चक्कर।
दूसरा चक्कर।

वह उनकी अनुपस्थिति में चलती है।
अपने भिक्षु की अनुपस्थिति में...

ॐ

एक भिक्षु देखता है दुनिया को, जैसे रेल की खिड़की से।
देखता है सारा नाटक, पकड़ता है कभी-कभार कोई ध्वनि भी।
लेकिन वह कभी खिड़की नहीं खोलता।
कम-से-कम समय पर तो कभी नहीं।

जब तक वह खोलने का तय करे, रेल छूटने का समय हो जाता है...

ॐ

एक भिक्षु की रेल का कोई चालक नहीं। कोई इंजन नहीं।
सिर्फ़ पटरियाँ हैं और पहिए।
यह उसका तप है, उसकी आतुर प्रार्थनाएँ, जो रेल को चलाती हैं।
'कहीं नहीं' को जा रही रेल को।

'कहीं नहीं' को जा रही रेल 'कहीं नहीं' तक पहुँचने में बहुत समय लगाती है...
कभी-कभी एक जीवन।
कभी-कभी बहुत सारे जीवन...

यह एक मेहमान है। यह एक वह है। यह एक घर है।

ये आँखें हैं। यह अँधेरा है। यह शून्य का रंग है।

ये दीवारें हैं। यह छत है।

ये वे हैं। एक भिक्षु के एकान्त में। चोर।

उनकी रसोई में कुछ पक रहा है।
वह आग को देखती है।
इस चूल्हे की आग कभी घर की आग नहीं होगी।
इस आग पर कभी कोई स्त्री नहीं पकाएगी...

एक भिक्षु की रसोई की आग—दुनिया में इससे ज़्यादा अकेली कोई चीज़ नहीं...

एक क़दम आगे। दो क़दम पीछे।
वह भीतर आती है।
उसे आना चाहिए? नहीं आना चाहिए उसे?

इससे पहले कि वह तय कर पाए, वह स्वयं को घर के बड़े कमरे में पाती है। कमरे के बीचोबीच। वह भी यहीं खड़े होते होंगे....

यही है वह व्यथा-स्थल?
यही है वह मरहम-स्थल?
यही है वह जगह, जहाँ संतप्त आत्माएँ आती हैं?
यही है वह जगह, जहाँ लोग अपनी खुली गठरियाँ लेकर पहुँचते हैं, कि वह उन्हें ठीक से बाँध दें?

ଓ

किसी भिक्षु के साथ रह पाना—एक ही छत के नीचे, उसकी छत के नीचे—कैसा होता है यह?

ଓ

वे उनके कक्ष में हैं।

यह एक मिनट का दर्शन है।

वे जल्दी-जल्दी चारों ओर नज़रें घुमाते हैं।
एक ख़ाली, सादा कमरा। *इतना ख़ाली जैसे जीवन।*
एक बिस्तर। बिस्तर पर एक चँवर।

एक या दो जोड़ी भिक्षु-चोले, सिरहाने के नीचे तह किये। वह उनके रंग में उन्हें बता सकती है...गेरुआ।
उनका दीवान। क़रीने से लगाए कंबल। बैक-रेस्ट।
दीवार के साथ टिकी, मुड़ी चटाई।
एक छोटी अध्ययन-मेज़। दूसरी खिड़की से सटी।
इसी खिड़की के बाहर वह कल खड़ी रही थी...

खड़ी रही थी और विस्मय करती रही थी—
एक भिक्षु के एकान्त के क्या अंग हैं?
एक अनीश्वरवादी भिक्षु के एकान्त के?

ঙ্গ

दीवार के आले में एक पुराना फ़ोटो है। मढ़ा हुआ। श्वेत-श्याम।
भिक्षुओं का एक समूह है। पृष्ठभूमि में पर्वत।
सूर्य उनके चेहरों पर चमक रहा है। सभी आयु-वर्गों के भोट चेहरे।
सूर्य और बर्फ़ की स्मृति से चमकते हुए...

यही सूर्य और बर्फ़ उनके सपनों में आते होंगे...

वह निश्चित तौर पर कह सकती है। ये हैं ही स्वप्नों के पदार्थ से बने हुए...

ঙ্গ

वे उनके कक्ष में कुछ खोज रहे हैं। साधारण जीवन का कोई सुराग...

वे अपनी विस्मयाकुलता पर काबू पा रहे हैं। रहस्य पर भी।
सिर्फ़ एक और सुरंग में जाने के लिए...दूसरे रहस्य में।

केवल एक भिक्षु ही यह साहस कर सकता है कि अपने पीछे अपना कमरा इतना खुला छोड़ जाए, इतना उघड़ा—कि संसार के झाँकने से कुछ अन्तर न पड़े...केवल एक भिक्षु ही इतने कम असबाब के साथ इस संसार के कीचड़ में से गुज़र सकता है...

क्या यह सम्भव है कि उसका कोई रहस्य हो ही नहीं?
निश्चित ही कुछ रहस्य तो उसके भी होंगे?
सम्भव है, उसकी आत्मा उसकी रहस्य-रक्षक हो?
लेकिन यदि वह निरात्मा भिक्षु हो, तब?

यह संसार दो धुरियों पर टिका है।
एक छोर पर भिक्षु हैं।
दूसरे पर समस्त मानवता—उनके गूढ़तम रहस्यों को खोलने के लिए, जानने के लिए आतुर। आदिकाल से अब तक।

इस एकान्त में वह कैसे रहते होंगे, निर्भय?
मानसून की उन डरावनी, तूफ़ानी रातों को?
क्या वह कभी डगमगाते हैं?

कहते हैं, उस निर्णायक रात को जब महात्मा बुद्ध ध्यानरत थे, बोधिवृक्ष के नीचे, मार ने उन पर आक्रमण के लिए वज्र की गड़गड़ाती सेना भेजी थी...

क्या समस्त मानवता एक-दूसरे से इसीलिए नहीं चिमटी है, कि वह डरी हुई है? उस आदि भय का सामना करने से बचती फिर रही है?

ഴ

वह फिर बाहर है।

उसकी काया बाहर।

उसकी आँखें बाहर—घर से बाहर।

यही हैं वे आँखें जो देखने का दुख जानेंगी...
लेकिन यह बाद में होगा।

अभी वह तूफ़ानी रात कहीं नहीं, जो भयाकुल करती है। अकेला करती है...
अभी वह संकट कहीं नहीं। वह शरण कहीं नहीं...
अभी वह भविष्य के बाहर है।

ഴ

अभी सिर्फ़ आठ बजे हैं सुबह के।
सुनसान फैले परिसर में वह चले जा रही है।
अभी सिर्फ़ आठ बजे हैं सुबह के।

उसके कान सुन रहे हैं एक पदचाप। कहीं पीछे से आती।
किसी दूसरे समय से उठती किसी की पदचाप।
क्या यह कोई प्राचीन पगडंडी है, जिस पर वह किसी दूसरे काल में गुज़रे थे?
किसी दूसरे देश में?

यह स्त्री यहाँ क्या कर रही है?
दूसरे समयों से अपनी भिक्षा बटोरती?

अभी सिर्फ़ आठ बजे हैं सुबह के।

सैर अब ख़त्म होने को है।
अभी भी—सिर्फ़ आठ बजे हैं सुबह के।

ᥱ

यही वह बरगद है जो दलाई लामा ने लगाया था। कुछ वर्ष पहले। यह पीपल है। भगवान बुद्ध का पवित्र वृक्ष।
कमलशील भवन के बाहर।

कौन थे कमलशील?
आठवीं सदी के एक भिक्षु।
एक चीनी भिक्षु को पराजित करने के कारण उनकी हत्या कर दी गई थी।
कहते हैं, ल्हासा के पास मठ में अभी भी उनकी लेप-युक्त देह रखी है।

ल्हासा में देह।
नाम मृगदाव की दीवार पर!

गलियारे भाँय-भाँय करते हैं...

ᥱ

ताँबई पत्ती सूखकर और भी ताँबई हो गई है।
अनुपस्थिति का रंग।

सुबह की सिर्फ़ एक सैर और उसका रंग बदल गया है।

धूप में झुलसकर वह सूखती चली गई है...रेशा-रेशा।
खड़खड़ाती। टहनी से ख़तरनाक ढंग से झूलती हुई।

अनुपस्थिति का रंग।
हवा का एक ज़रा-सा झोंका इसे भी उड़ा ले जाएगा।
'क्या जानूँ किधर गिरेगा, ले गया पवन का रेला'...कबीर साहब ने कहा नहीं था?

वह पत्ती उठाती है। जो अनुपस्थित है, उसके लिए छोड़ देती है।

अनुपस्थित के लिए अनुपस्थिति का रंग।

ଓ

अनुपस्थिति और हस्तक्षेप।

लेकिन क्या सभी अनुपस्थितियाँ हस्तक्षेप नहीं हैं?

ଓ

वे सब की सब—यानी पहले दिन की अनुपस्थिति-जमा-दूसरे दिन की अनुपस्थिति-जमा-सब दिनों की अनुपस्थितियाँ—मिलकर केवल रिक्तता बनती हैं।
रिक्तता।
व्योम।
शून्य।

[1997]

तुम्हारे पाँव में मेरा पाँव

(डायरी, नोट्स)

हम सब अपनी ज़िन्दगी आईने के इस तरफ़ जीते हैं...

—बेन ओकरी

पुरी, 1993

पुरी का समुद्र। जैसे अब तक के देखे सब समुद्रों से अलग।

स्वच्छ। उज्ज्वल।

क्या यह इसलिए इतना उज्ज्वल है कि इसे गुरुदेव ने देखा था, लिखा था?

ज़रा गिनूँ तो, अब तक मैंने कौन-कौन से समुद्र देखे हैं?

इंग्लिश चैनल, अटलांटिक, मेक्सिको की खाड़ी, प्रशान्त, एड्रियाटिक, कैरीबियन...बहुत वर्षों पहले बचपन में बम्बई का अरब सागर देखा था और अब यह पुरी का समुद्र। बंगाल की खाड़ी।

मैं दिन ढले समुद्र के पास गई। अँधेरे में कुछ डर-सा लगा। जैसे समुद्र के साथ-साथ कुछ और भी लपकने को आता हो।

पिछले साल तुलूम में सैंडी ने मेरा यह डर हटाया था। बच्ची की तरह हाथ पकड़कर धीरे-धीरे समुद्र के पास ले गया था। *डरो नहीं, मैं तुम्हें डूबने नहीं दूँगा...*

उस रात आकाश में बहुत तारे थे। और समुद्र बहुत बेचैन, काला स्याह। अँधेरे में दूर-दूर तक चमकती मूँगे की सफ़ेद चट्टानें और हाहाकार।

जाने कहाँ से आवाज़ें उठती आती थीं। समुद्र के भीतर से? कि कुछ ही दूरी पर तुलूम के माया खँडहरों में से?

मैं जैसे किसी प्रागैतिहासिक समय में आ-जा रही थी...और सैंडी की आवाज़ कभी पास, कभी दूर से उड़ती हुई आती थी— *डरो नहीं, मैं तुम्हें डूबने नहीं दूँगा...*

(क्या दोस्त इसीलिए होते हैं? डूबना न चाहो, तो तुम्हें बचा सकें, और डूबना ही चाहो, तो शान्ति से तुम्हें जाने दें...मुझे यह सब जानना था, धीरे-धीरे। बाद के वर्षों में।)

वे मेरे हारवर्ड के दिन थे...दिन-भर किताबें, लेक्चर्स, रात को मित्रों के साथ योजनाएँ...क्रिसमस के आते-आते सारा कैम्पस तमाम तरह की यात्रा-योजनाओं से इस तरह अँट गया था कि उससे निस्संग रह पाना कठिन था। हर कोई कहीं न कहीं जा रहा था...मैं जाना तो ब्यूनोस आयर्स चाहती थी, एनरिके से मिलने, बोर्ख़ेस का शहर देखने, लेकिन जेब मेक्सिको तक पहुँचकर रुक जाती थी...कैंब्रिज से ब्यूनोस आयर्स की टिकट चार्टर्ड फ़्लाइट में आठ सौ डॉलर की थी, कैनकुन की चार सौ डॉलर की।

हम पाँच मित्रों की योजना थी। मुझे, सैंडी, नैंसी, ऑलिव को कैंब्रिज से जाना था, जैरी को एरीज़ोना से। सैंडी और नैंसी पेरू, मेक्सिको और गुआटेमाला के आदिवासियों में काम कर चुके थे। जैरी अमरीकी इंडियनों पर किताब लिख चुका था। ऑलिव डलास से थी। हमारी मर्लिन मनरो...

उसकी सनसनीखेज़ छानबीनी पत्रकारिता से कई ऊँचे पदासीन लोग मुश्किल में पड़ चुके थे। मुझे वह अच्छी लगती थी। उसके पर्स में उसके घोड़े की तसवीर थी, जिसे वह बहुत चाहती थी और अपने साथ कैंब्रिज नहीं ला पाई थी...*आई हेट बिग सिटीज़, आई हेट ऑल ऑफ़ देम*—वह कहती थी। ऑलिव से ही मुझे पहले-पहल घोड़ों के स्वभाव के कई रहस्य पता चले थे। एक बार उसने एक घोड़ी के प्रसव में अपने पिता की मदद की थी। वह स्वयं छोटी बच्ची ही थी तब...यह घटना वह बड़ी उत्तेजना से बताती थी। सविस्तार।

हमारे ग्रुप की सबसे सुन्दर बात यह थी कि हम सब सभ्यता से दूर जाना चाहते थे...कोई ऐसी जगह, जहाँ धूप हो और समुद्र हो। जहाँ घूमना सम्भव

हो और दर्शन-चिन्तन भी...तय हुआ, कैनकुन जाएँगे। कुछ दिन वहाँ द्वीप पर रहकर एक जीप से मध्य और दक्षिणी मेक्सिको के माया खँडहर देखते हुए वापस कैनकुन से उड़ान पकड़ लेंगे...

स्मृति भी कैसी है...मैं पुरी में बैठकर चेचेन इत्सा के बारे में सोच रही हूँ... माया सभ्यता पर केन्द्रित प्राय: हर किताब में उसके खँडहरों के चित्र देखती थी। और अब मैं वहाँ थी। मन्दिरों के प्रांगण में। विशाल ऊँचे पिरामिड पर बना सूर्य मन्दिर। सूर्य-और-नाग-पूजक माया सभ्यता। उस क्षेत्र में बाक़ी स्थानों से तो माया सभ्यता के चिह्न ग़ायब हो गए, चेचेन इत्सा का सारा परिसर बचा रह गया। शायद घने जंगलों के बीच में रहने के कारण...

(कोलम्बस ने 'भारत की खोज' करते-करते वहाँ ऐसी लहू की नदियाँ बहाईं, कि यह सोचकर एक अजीब सी ख़ुशी होती है, कि अच्छा हुआ, जो उसे भारत नहीं मिला, कि धरती गोल थी, कि वह एक ग़लत जगह को भारत समझकर जहाज़ी बेड़े से उतर गया...यह बात एक बार मैंने हँसी में एक माया इंडियन से कह दी तो उसने कुछ ऐसे विषाद से मेरी ओर देखा कि अभी तक उसे भूल नहीं पाई हूँ...मैंने ऐसा क्यों कहा, इसकी शर्म अलग से है।)

मुख्य पिरामिड के गिर्द ही कई सारे चबूतरे थे। अलग-अलग प्रकार के मूर्ति-शिल्पों के कारण उनके प्रयोजन स्पष्ट होते थे। एक प्रमुख चबूतरा राज-पुरोहित का था, जहाँ नर-बलि दी जाती थी...एक आदमक़द मूर्ति, घुटनों को मोड़े तश्तरी लिये बैठी है। मुख मन्दिर की ओर है, जैसे देवता से कह रही हो, *तुम्हारा प्रसाद लेकर आ रही हूँ...*

इसी तश्तरी पर बलि देने वाला नर अपना सिर रखता था...राज पुरोहित की तलवार उसे धड़ से अलग करती थी। फिर उसके सीने में से उसका हृदय, जो अभी स्पन्दन कर रहा होता, कुरेद कर बाहर निकाला जाता...उस जीवित मानव-हृदय को सूर्य देवता को चढ़ाया जाता, ताकि वह आकाश में बना रहे, सारा दिन पृथ्वी को प्रकाश देता रहे...

लेकिन हर दिन के बाद रात आती थी। और रात के साथ सब तरह के आदिम भय...माया लोगों में बलि को ढूँढ़ना नहीं पड़ता था। स्वस्थ पुरुषों में इसकी होड़ रहती थी...हृदय चढ़ाए जाने के बाद शेष मनुष्य अपने समाज का

प्रसाद बनता था। मसालों की गंध से राँधा हुआ...पास ही के दूसरे चबूतरे पर प्रसाद पकाने की रसोई हुआ करती थी...

हम घूमते-घूमते मेक्सिको के मध्य में—मेरीदा नगर पहुँचे ही थे—कि ऑलिव को न्यू टैक्सास लौट जाना पड़ा। उसने अपनी कैंब्रिज की आंसरिंग मशीन के सन्देश दूर मेक्सिको में बैठे सुने तो उसमें यह समाचार था—उसके पिता को दिल का दौड़ा पड़ा था...जाते हुए ऑलिव एक छोटी बच्ची की तरह रो रही थी...

कैसी विचित्र यात्रा थी वह। हम सब अपनी कोई पुरानी फाँस याद करके एक-एक बार रो चुके थे...सबके सामने। और इस रोने के बाद एक दूसरे के और घनिष्ठ हो गए थे...*('घनिष्ठ मित्रताओं में रुदन का अवदान'। इस विषय पर कभी लिखना चाहिए।)*

ଓ

अँधेरे में समुद्र को कुछ अलग तरह से देखना चाहिए—जैसे कान बन्द करके। ताकि दिल का दरवाज़ा भड़भड़ाना बन्द हो सके...

मैं शोक में हूँ। एक ऐसी मृत्यु—जो शब्द तक नहीं आती। मैं अपने किसी मित्र को पत्र नहीं लिख रही। ऑलिव, सैंडी, नैंसी...यहाँ तक कि जब से फ़िलीस्तीन की ख़बर सुनी है, लैमीस को भी बहुत चाहा है, पत्र लिखूँ। और आयोवा के मेरे प्रिय मित्र—एनरिके, पेतर, सेव्योन...पता नहीं कहाँ गए सब?

मैं गुरुदेव की कहानियों की किताब कस के पकड़े हूँ...रास्ते-भर मैं रेलगाड़ी में उसे पढ़ती आई। फिर दूसरे खंड के बीच में रुक गई...डर लगा कि ये कहानियाँ अगर ख़त्म हो गईं, तो ये दिन कैसे काटूँगी।

गुरुदेव, रबींद्र संगीत, शान्तिनिकेतन...

पता नहीं कौन-सी गाड़ी यहाँ से जाती होगी?

नहीं, अभी लौटना नहीं है...

ঙ্গ

कुछ अजीब-सी घबराहट है...कल रात पुरी के लोकल बाज़ार में गई थी। छोटे-से क़स्बे की छोटी-सी मार्कीट। दुकानदारों के चेहरे कितने विनम्र, कितने स्नेही हैं। जैसे बीसवीं सदी ने उन्हें छुआ ही न हो। एक सलवार-क़मीज़ का दाम पूछा तो इतना कम कि शर्म-सी आने लगी।

आज सुबह साढ़े छह बजे पुरी होटल से ही कंडक्टेड टूर में चिलिका झील देखने गई। बस में दो ग़रीब-सी बंगाली लड़कियाँ बैठी थीं, बहुत ही ख़राब नक़ली रेशम की साड़ियाँ पहने। हिन्दी, अंग्रेज़ी दोनों भाषाएँ बहुत कम जानती थीं। मैंने पहुँचते ही बहुत उत्साह से दोनों से बातचीत शुरू कर दी, जैसे वे रबींद्रनाथ के पात्र हों। (महज़ बंगाली होने के संयोग से!) लगभग घंटे-भर बाद मेरा सारा उत्साह ठंडा हो गया। उन्हें कुछ नहीं मालूम था। न रबींद्रनाथ के बारे में, न उनकी दुनिया के बारे में। ग़नीमत है, कि उन्होंने उनका नाम सुन रखा था!

सारा दिन ख़राब हुआ। गंदी, बास-भरी झील, एक द्वीप पर गंदा-सा मन्दिर, वहाँ तक की दो घंटे की नौका-यात्रा...खाने का कोई ठिकाना नहीं। एकमात्र छोटा-सा रेस्तराँ, जिसमें सभी यात्री, ज़्यादातर बंगाली, भोजन करके आए। मैं नहीं गई, हालाँकि मुझे बहुत भूख लगी थी, और सिरदर्द भी था। कारण—कि रास्ते में पिपली में हम महिला यात्रियों को एक जगह ऐसी ही दुकान के टॉयलेट में लेकर गए थे, जहाँ बाहर ठीक टॉयलेट के बग़ल में समोसों का सामान बन रहा था...बस, सारा दिन वह दृश्य नहीं भूला। मैंने एक पानवाले की दुकान से फ्रूटी ली और बिस्कुट का एक पैकेट।

लौटी तो बीमार थी। सिर घूम रहा था।

क्या इसलिए कि मैं भाग रही हूँ? जैसे पाँव चिलिका में रह गए हों और मन भाग रहा हो, और आगे, और दूर...

हाडू (वह इस होटल में वेटर है) से मैंने पूछा, यहाँ आसपास कोई सस्ता और अच्छा होटल है? उसने बताया, सोनाली में साठ-सत्तर रुपये में सी-व्यू का सिंगल कमरा मिल सकता है...

अगर मैं शान्तिनिकेतन नहीं जा सकती, न दार्जिलिंग, न पांडिचेरी, मद्रास—तो मैं यहीं रह सकती हूँ। पुरी में...बस अगर यहाँ ये पंडे न हों—हिन्दी साहित्य सम्मेलन वाले पंडे...(यह पंडों से मेरा पहला साक्षात्कार है!) यह कोई दूसरी ही दुनिया है और मुझे नहीं मालूम, मैं इसमें क्या कर रही हूँ, सिवाय इसके कि उन्हीं के न्योते के कारण मैं यहाँ हूँ। रास्ता-भर मैं नक़्शा देखती आई थी—बोधगया, नालंदा, कलकत्ता, बोलपुर...

अब मैं यहाँ आ गई हूँ और वे सब जगहें अभी भी दूर हैं, और असम्भव...

शाम को जगन्नाथ जी के मन्दिर गई थी...सैकड़ों बरस पहले यहाँ गुरु नानक आए थे...कहते हैं, वे पंडों से मतभेद के कारण भीतर नहीं गए थे। (पंडों से उनके मतभेद अक्सर होते थे। कई रोचक कहानियाँ हैं। बचपन में दारजी बड़ा रस ले-लेकर सुनाया करते थे और हम मुँह खोले सुनते रहते थे। मैं सबसे अधिक तन्मय। फिर वह अचानक कथा बीच में छोड़कर मेरी ओर देखने लगते, बहनें भी! *मक्खी मुँह में चली जाएगी*—बहनों या दारजी में से कोई मुझे चेताता। *हाँ, तो फिर?* मैं कहती। कहानी आगे चलने लगती।)

शाम को आरती हुई। वही जगन्नाथ जी की प्रसिद्ध आरती, जिसे देखने लोग दूर-दूर से आते हैं...तो उस शाम, सैकड़ों साल पहले, गुरु नानक एक वृक्ष के नीचे खड़े थे। दूर से आरती सुनते हुए। जब मन्दिर की आरती समाप्त हुई, तो उन्होंने अपनी रची आरती गाना शुरू की। *कौन सी आरती थी वह?* दारजी पूछते। *गगन मैं थाल रवि-चंद*...हम बहनों का कोरस कहता। *हाँ, जिसके प्रथम शब्द पर इसका नाम आधारित है। गुरु ग्रंथ साहिब में संकलित आरतियों में पहली आरती।*

'गगन मैं थाल रवि-चंद तारका बने सगल मोती'...

(गगन के थाल में रवि, चाँद, तारे सब मोती बन गए हैं...)

यह निरंकार की आरती है, निराकार की, जिसमें धूपबत्ती का धुआँ चँवर झुला रहा है...

दारजी रौ में होते, तो हमें ऐसी ही अद्भुत कहानियाँ सुनाते जाते और गुरुबाणी के अर्थ समझाते जाते...हमें शायद ही कुछ समझ आता हो, लेकिन वह बोलते हुए बिलकुल बाबा नानक लगते और हम उन्हें घेरकर बैठी रहतीं।

बाबा नानक संत और कवि तो था ही, गाता भी बहुत अच्छा था। उस रात उसने ऐसा गाया कि जगन्नाथ जी की मूर्ति चलती-चलती उसके पास आ गई। पेड़ के नीचे। पंडे देखें, भई क्या बात है, मूर्ति थी कि फिर वहाँ से हिली ही नहीं...अब वहाँ सिखों का गुरुद्वारा है। हर साल हिन्दू जगन्नाथ जी की नई मूर्तियाँ गढ़ते हैं, रथयात्रा होती है, लेकिन सिखों ने वह मूर्ति अब भी सँभाली हुई है...

ଓ

मैं गुरुद्वारा देखने का समय नहीं निकाल पाई क्योंकि सारा समय हमारे ख़ानदानी पंडे कलिजुग पंडे को ढूँढ़ने में ही लग गया...आने से पहले दारजी ने कहा था, *पुरी जा रही है, तो कलिजुग पंडे के पास ज़रूर जाना। उसकी बही में मेरे दस्तख़त हैं और तेरे दादा के भी। जाकर देखना।* आप भी पूरे ब्राह्मण हैं। पिछले जन्म में तो पक्का रहे होंगे...उनकी छुआछूत देखकर हम जब भी उनसे कहते हैं, वह हँसने लगते हैं। बनारस यूनिवर्सिटी के संस्कृत शास्त्री। चुप हो जाते हैं। कुछ सोचने लगते हैं। हैं या नहीं, कुछ नहीं बताते...

क्या मैं भी अपनी एंट्री करवाऊँ? *हाँ, हाँ, ज़रूर।* सो, मैं अपने गाँव का पंडा ढूँढ़ती रही। बड़ी खोज के बाद वह मिला। शायद दारजी जब गए थे, उसके पिता पुरोहित थे। उसे मुझे देखकर हैरानी हुई होगी। 'दिखने में तो बड़ी मॉडर्न दिखती हैं।' पंडों के झुंड में खुसुर-फुसुर हो रही थी। "आप कल सुबह आ जाइए, सारा रिकॉर्ड ढूँढ़कर रखूँगा..."

दादा यहाँ 4.1.1930 को आए थे। दारजी के जन्म के एक साल बाद...फिर उसके एक साल बाद और। 1931 में। गाँव की कुछ रैयत के साथ। सबके नाम लिखे हैं। कौन-कौन इस यात्रा में उनके साथ आए थे। क्या कोई मन्नत उतारने? शायद दारजी की, अपने पहले बेटे की? याकि यह कुछ और था? उनकी अन्तहीन उदास यात्राओं में से किसी एक का पड़ाव? वह अक्सर उचाट होकर निकल जाते थे...बहुत दूर-दूर तक। फिर दारजी बड़े हुए तो वह भी... हमेशा एक सन्दूक़ जैसे तैयार पड़ा रहता था। महीनों कोई ख़बर नहीं, फिर एक दोपहर पोस्टकार्ड आता था—*मैं...आ गया था। वह फ़लाँ पोथी बड़ी मेहनत के बाद मिल गई है। काम पूरा होते ही आऊँगा। बच्चियों को प्यार!...*

और अब मैं...

क्या हम—दादा, दारजी, मैं—अपने इस उचाटपन को अपनी ख़ानदानी प्रवृत्ति कह सकते हैं? यों तो गुरु नानक भी इसी तरह घर से निकल जाते थे... एक जगह गुरुबाणी में उनका कहा यह आता है—*मन परदेसी जे थीआ सब देस पराया, किस पे खोलूँ गंठड़ी, दुखी भर आया...*परम्परा में उनकी यात्राओं को 'उदासी' ही कहा गया है—पहली उदासी, दूसरी, तीसरी। हमारे यहाँ तो बाक़ायदा उदासी सम्प्रदाय मिलता है!

दादी कहती थीं—*तेरा दादा शुरू से ही साधु-संतों के चक्कर में था। नाम भी उसका साधु सिंह था। मैं अक़्लमंद न होती, तो यह ज़मींदारी कोई बच सकती थी। शरीके के लोग तो इसी ताक में होते थे कि साधु सिंह जाए और कोई फ़साद करें...घर में मैं अकेली जवान औरत, बूढ़ी सास और ये छोटा-सा तेरा दार* (उन्हें अपने बेटे के लिए 'जी' कहते बड़ी उलझन होती थी)। 'कम्मी कमीन भी तो होते थे'—मैं दादी की शब्दावली में उन्हें याद दिलाती।

हाय-हाय, होंगे क्यों नहीं? तेरे परदादों ने गाँव बसाया था! हम हुक्मरान थे। कोसों तक हमारी ज़मीन फैली थी। अंग्रेज़ों का आना-जाना था... मैं दूसरी बात कर रही हूँ। अकेली औरत का कोई जीना नहीं। ज्ञानी (यह दारजी का प्यार का दूसरा नाम था। पहला था शिवजी।) *पैदा हुआ तो मैंने कहा, ख़सम का सुख भाग में नहीं, न सही, अब मेरा अपना मर्द है, मैंने इसे ख़ुद गढ़ा है, गणेश की तरह, जैसे गौरा ने गढ़ा था, अपने पसीने से...*

'फिर तो दारजी का नाम शिवजी असल से ही ग़लत है!'

तू ज़्यादा न मुँह चलाया कर। दारजी होगा तेरा (इस बार वह 'जी' पर ख़ासा ज़ोर देतीं), *मैंने तो जब जन्मा था, लीर के टुकड़े जितना था!*

बहरहाल, दादी के मन में अपने बीत गए दिनों के लिए एक अजीब गिला और अकेलापन था। *हमेशा तो नहीं इस जहाँ पे बैठे रहना*...वह कहीं गुम होती हुईं अक्सर कहतीं।

कोई नहीं लौटा सकता। किसी के भी जीवन के व्यर्थ गए सुनहरे दिन—कोई नहीं लौटा सकता...

☙

दारजी यहाँ 9.3.1971 को आए थे, अफ़ग़ानिस्तान-ईरान की यात्रा पर निकलने से पहले...पता नहीं, कहाँ-कहाँ चले जाते थे। लिखते हुए किसी सन्दर्भ पर अटक जाते, तो अटक ही जाते थे। फिर चारों तरफ़ पोथियाँ फैल जाती थीं। पत्थर के छापे वाली, हाथ से लिखी, किनारों पर चित्रित पोथियाँ। रंगीन पिसे पत्थरों और सोने के वर्क से बनीं उनकी तसवीरें। आज पता नहीं कितनी क़ीमत होगी उनकी? तब भी उन्हें सन्तुष्टि न होती, तो पता चलता, फ़लाँ जगह पर गुरु ग्रंथ साहिब की पुरानी बीड़ है या टीका है। या गुरु शब्द रत्नाकर है। गुरु प्रकाश है...भाई मनी सिंह से लेकर किसी भी और क़ातिब की बीड़ हो सकती थी वह, जिनके नाम मैंने कभी ध्यान से दर्ज नहीं किये। बस, देखने पहुँच जाते...जाकर सबसे पहले दरयाफ़्त करते—बीड़ के शुरू में तीर का निशान है कि नहीं? गुरु गोबिंद सिंह पोथी को तसदीक़ करके केसर से तीर का निशान जो लगा देते थे...

नागालैंड, मेघालय, उड़ीसा, बिदर से नीचे दक्षिण का इलाक़ा... जहाँ-जहाँ गुरु नानक गए थे, दारजी हो आए थे। हाँ, दक्षिण जाते, तो हम सबको भी ले जाते। नांदेड़। सिखों के प्रमुख तीर्थ-स्थान हज़ूर साहिब। गुरु गोबिंद सिंह के स्थान पर। वहाँ भी गोदावरी के किनारे बैठकर हमें साखियाँ सुनाते रहते। हालाँकि गुरुओं में यह नानक ही थे, जिनका उनके तन-मन पर अधिकार था...उन दिनों, 1971 में, उन्हें बगदाद जाने की लगी थी, अफ़ग़ानिस्तान-ईरान होते हुए, गुरु नानक की यात्रा को 'वेरीफ़ाइ' करने के लिए। गुरु नानक पर किताब लिख रहे थे।

कैसे सब स्मृतियाँ गड्डमड्ड हो जाती हैं। हम एक संताप की सुरंग से निकलकर दूसरे में पहुँच जाते हैं...

मैं दारजी के हाथ की लिखी इबारत पढ़ती हूँ, दादा की इबारत के नीचे (वह अपने नाम में 'ध' की बजाय 'द' लिखते थे—सादु सिंह।) तो रुआँसी हो जाती हूँ। उन्होंने लिखा था—*जो भी हमारे परिवार से आएगा, कलिजुग पंडे को अपना पुरोहित मानेगा।...*

दारजी ने बही में सबके नाम लिखाए थे—चाचा के, उनके बेटों के। दादी का भी। लेकिन हम बहनों का नाम नहीं। न ममी का...उन्होंने तब शायद सोचा भी नहीं होगा, कि एक दिन मैं उनकी लिखी इबारत देखने पहुँच जाऊँगी!

हम सब जगन्नाथ जी के दरबार में न होने जैसे रहे होंगे? न हमारा भाई था, न हमारी माँ के बेटा। दारजी जब यात्रा पर निकलने वाले होते, कैसे मैं रोया करती थी। उनकी टाँगों से लिपट जाती थी...हिचकियों से बेहाल हो जाती थी। कई बार दारजी बीच से लौट आते। कहते, उन्हें सपने में मैं दिखाई दी थी। क्या कह रही थी, कर रही थी उनके सपने में, कुछ नहीं बताते थे। शायद माँ को अकेले में बताते हों!...उस यात्रा से पहले भी मैं ज़रूर रोई होऊँगी। लेकिन अब यहाँ हम कहीं नहीं थे। मैं, उनकी सबसे बड़ी बच्ची, कहीं नहीं थी...

मुझे उन पर इतना ग़ुस्सा आता है, कि अभी दिल्ली पहुँच जाऊँ। जाकर अच्छी तरह ख़बर लूँ। *तो दारजी, आप जब यात्राओं पर जाते थे, हमें बिलकुल भूल जाते थे?*

पंडे से पूछती हूँ, क्या इस बही में औरतों की भी एंट्री होती है? वह कहता है, जी हाँ, जिसकी मर्ज़ी करवा लो। (चाहे कुत्ते की? मैं सचमुच पूछना चाहती हूँ, पर मेरा गला मारे ग़ुस्से और दुख के रुँधा पड़ा है।) *अच्छा तो लिखिए।* मैं चुन-चुनकर वंशावली दर्ज करवाती हूँ। मायके-ससुराल की। इस बार कोई नहीं छूटनी चाहिए। हे जगन्नाथ जी, हम सबको अपने दरबार में हाज़िर समझना...

दो साल पहले दया जी ने चित्रकूट में पंडे की बही में अपना और फ्रांसीन का नाम दर्ज कराया था और मेरा और निर्मल का भी। तब मैंने कौतुक में हँसते हुए दस्तख़त किये थे। अब मैं जानती हूँ, कहाँ दुखता है...ख़ूब बड़े से दस्तख़त करती हूँ। गगन गिल!

हुँह, गिल। दारजी ने सारी उम्र अपने नाम के साथ गिल नहीं लिखा, कहते हैं, *गुरु मर्यादा के ख़िलाफ़ है। और जो हम सब लिखते हैं? अच्छा है, अपने पीछे का पता तो रहना ही चाहिए। यहाँ शहरों में तो चमार-कुम्हार सब बराबर हो गए हैं।* तो फिर आप भी लिखा करो। *तुम सब लिखते तो हो।* बहस ख़त्म। जवाब में कुछ नहीं सूझेगा तो हल्का-सा हँसने लगेंगे। दूसरे का मज़ाक़ उड़ा रहे हैं, या खिसिया गए हैं, आख़िर तक मालूम नहीं पड़ेगा।

आज उसका जन्मदिन है।
वह होती, तो आठ साल की रही होती। तीसरी कक्षा में।

तीन दिन संकोच के मारे इतने स्वच्छ, अद्भुत समुद्र को बस दूर से देखा। आज जब जाने की सुबह आई तो रह नहीं सकी। सुबह साढ़े पाँच बजे भगवत जी

का दरवाज़ा खटखटाया। भगवत भाई, नहाने जाना है। *तो चलो न? हम दोनों भी निकल ही रहे थे।* भगवत रावत और उनकी पत्नी के साथ ख़ूब देर तक समुद्र-स्नान करती हूँ। जैसे सारे दिनों का बदला लेना हो...भाभी साड़ी में, मैं पेटीकोट को गले पर बाँधे...(यह भारतीय तरीक़ा है, मेरी मजाल नहीं कि मैं अपने साथ लाया स्विम-सूट यहाँ निकाल लूँ!)

तट पर पहुँचते ही हमने लाइफ़-गार्ड कर लिया था। लाइफ़-गार्ड मेरे उत्साह से बहुत ख़ुश है कि मैं लहरों की उछाल में बड़े अच्छे से सँभल जाती हूँ, गोता नहीं खाती। पूर्णिमा निकट है और समुद्र बेचैन। कमर में मैंने ट्यूब पहन रखी है। वह कहता है, मैं चाहूँ, तो मुझे समुद्र के भीतर ले चल सकता है, मुझे डूबने नहीं देगा, बस एक किलोमीटर भीतर। मैं आराम से वहाँ पहुँच सकती हूँ। *वहाँ से जगन्नाथ जी कुछ और ही दिखते हैं...*मैं बिलकुल तैयार हूँ, लेकिन भगवत जी अचानक गार्डियन की ज़िम्मेवार मुद्रा में आ जाते हैं, *कुछ हो गया, तो मैं तुम्हारी माँ को क्या जवाब दूँगा?*

हमें दो घंटे हो गए नहाते। भगवत जी मेरा बना मुँह देखते हैं, तो कहते हैं, *अच्छा, आधा घंटा और नहा सकती हो, लेकिन यहीं, इससे आगे नहीं जाना...*

बाहर आती हूँ, तो बड़े ख़ुश हैं। लड़की ने बात रख ली। *चलो, सब एक फ़ोटो खिंचवाते हैं। पुरी की यह सुबह याद रहेगी।*

हम तीनों फिर से समुद्र में घुसते हैं। तट पर घूम रहा एक कमर्शियल फ़ोटोग्राफ़र हमारी फ़ोटो खींचता है।

बाद में पता चला कि वह शाम को भगवत जी को किसी दूसरे यात्री की फ़ोटो थमा गया, और उन्होंने इस घोटाले को भोपाल पहुँचकर देखा। '*भगवत भाई, आप तो इस बात की फ़िक्र करिए, कि घर पहुँचकर उस आदमी की क्या शामत आई होगी।*' मैं दिलासे में यह न कहूँ, तो क्या कहूँ?

सारी त्वचा नीली पड़ गई है। सिकुड़-सी गई है। हमारी बायोलॉजी की मैडम

कहती थीं, *समुद्र में नमक होता है न, वह हमारी देह का पानी अपनी तरफ़ खींच लेता है...*

मैं पेटीकोट के ऊपर तौलिया ओढ़े होटल में घुसती हूँ...नंगे पैर। मेरा कमरा दूसरी मंज़िल पर है। दरवाज़े पर ही विनोद कुमार शुक्ल दिख जाते हैं। मैं सिर नीचा किये अनदेखी में गुज़र जाने को हूँ, कि पीछे से उनकी आवाज़ सुनाई पड़ती है, *आज तो गगन जी, आप ख़ूब नहाईं।* मुझे काटो तो ख़ून नहीं। झेंपती हुई मुड़ती हूँ, आपको कैसे मालूम? *मैं अपने कमरे की खिड़की से देख रहा था...जल्दी उठ जाता हूँ।*

हो गया मेरा श्राद्ध!

ॐ

मैं पुरी से नहीं लौटी...रास्ते में कोणार्क देखती हुई भुवनेश्वर पहुँची हूँ... कॉन्फ्रेंस से सीधे घर चले जाओ, तो ठगा-ठगा-सा लगता है। कि सबके संग रह लिये, बस अपने संग ही नहीं रहे। एकान्त का एक कोना चाहिए था, शायद भुवनेश्वर में सम्भव हो। कल दोपहर यहाँ से वही गाड़ी पकड़ लूँगी, जो मैं पुरी से लेती। पुरुषोत्तम एक्सप्रेस!

लिंगराज मन्दिर। केदार-गौरी, मुक्तेश्वर। अशोक-स्तम्भ। जापानियों का बौद्ध-मन्दिर। उदयगिरी-खंडगिरी गुफाएँ, बौद्ध भिक्षुओं की। कंडक्टेड टूर में सब दिखाते हैं। फिर नंदनकानन।

सफ़ेद चीता। बाघ। अफ्रीकी शेर। हिरण। गैंडा। साँप। अँधेरे के जीव-जन्तु। ज़्यादातर ऐसे प्राणी, जिनके साथ मनुष्य का भय जुड़ा है...

सब प्राणियों में एक मनुष्य है, जो अभी तक अपने भय पर विजय नहीं पा सका। (दूसरे जीव भी पा सके या नहीं, कौन जानता है!) कभी दूसरे मनुष्य में उसका दुश्मन छिपा है, कभी दूसरे प्राणी में। सबसे निराशाजनक बात तो यह है कि अभी तक उसे अपने साथ रहना नहीं आया...कभी वह ख़ुद गुफा में जा बैठता है, कभी दूसरों के लिए पागलख़ाने बना देता है...और चिड़ियाघर?

चिड़ियाघर मनुष्य का भय ही तो है!

ꙮ

मन का दुख कहीं बहने लगा है। *कनु।* आज के दिन वह एक दिन की हुई थी...मैंने ही उसे घुट्टी पिलाई थी...गोद में लिया था। हवा में उछाला था और वह कुछ घंटे की बच्ची मेरे हाथ से ज़मीन पर जा गिरी थी!

कुछ देर कोई आवाज़ नहीं। मैं अनिष्ट की आशंका से काली हो चुकी थी, जब उसकी रोने की आवाज़ सुनाई दी। कंठ के इतने भीतर, इतनी दूर से आती हुई आवाज़, जैसे किसी पिछले जन्म से आ रही हो...

रात-भर मैं उसके पास बैठी रही थी। अस्पताल के कमरे में। मेरी बच्ची, जो मेरे पास मेरी बहन की कोख के रास्ते पहुँची थी...

कनु, जब मैं बहुत बूढ़ी हो जाऊँगी, तो मेरे पास रहेगी? हाँ। उसने कहा था। कौन जाने!

भीतर कहीं दुख का एक जाला है, जिस पर मैं चलती हूँ, एक सिरे से दूसरे सिरे तक...

जब तक कि मैं दिल्ली न पहुँच जाऊँ।

दिल्ली पहुँचकर मैं दूसरे जाले में गिरूँगी!

वसन्त विहार, मद्रास, 1994

इतने दिन कुछ नहीं लिखा। जैसे लिखने से ज़्यादा जानना ज़रूरी हो...

कृष्णामूर्ति के इस घर में रहना अजीब अनुभव है। शुरू में आई तो बहुत भावुक थी। इसी लाल बजरी की सड़क पर वह सैर को जाते होंगे, इन्हीं घने पेड़ों के नीचे बैठकर सालाना व्याख्यान देते होंगे, इसी डायनिंग हॉल में आते होंगे...

वसन्त विहार में बहुत सुन्दर लाइब्रेरी है, जिसे ये लोग 'स्टडी' कहते हैं। कृष्णा जी की किताबें, वीडियोज़, कैसेट्स। पहले ही दिन मैंने और नैंसी ने उनके जीवन पर बहुत सुन्दर फ़िल्म देखी—*चैलेंज ऑफ़ चेंज।* बाद में अरविंदन की बनाई द *सियर हू वॉक्स एलोन* भी देखने की कोशिश की, लेकिन कुछ समय बाद बन्द कर दी। इन दोनों फ़िल्मों में कोई तुलना नहीं थी...

ಌ

कृष्णामूर्ति। वह हमेशा मेरे लिए अलौकिक ग्रेस का एक सुन्दर, मानवीय बिम्ब रहेंगे। उनका चेहरा, उनकी आवाज़, उनका व्यक्तित्व। सब वादों से मुक्त होने की उनकी छटपटाहट।

नैंसी के साथ इन लम्बी दोपहरों में उनकी वीडियोज़ को देखते हुए 1979 से 1983 के नवम्बर के पहले सप्ताह याद आए, जब वह दिल्ली के कॉन्स्टीट्यूशन क्लब लॉन्स में प्रवचन देने आते थे और मैं कैसे घर की तमाम

आलोचना के बावजूद वहाँ भाग-भागकर पहुँचा करती थी...बीस साल की वह लड़की जाने कौन से जीवन की जिज्ञासा रखती थी?

उनके व्यक्तित्व के गिर्द जो एक आलोक था, मुझे बुरी तरह अपनी तरफ़ खींचता था, हालाँकि वे दूर बैठे हुआ करते थे—प्राय: सफ़ेद कुर्ते-पाजामे में, और हम (मैं और मीना), अन्य लोगों की तरह आँखें बन्द करके उन्हें सुना करते थे। उन दिनों मीना ने ही इन असाधारण लोगों से मेरा परिचय करवाया था—कृष्णामूर्ति, श्रीअरविंद, मदर...

उन उनींदी रातों में मैं कृष्णामूर्ति की किताबें पढ़ती थी और मदर का रचा अद्भुत संगीत सुनती थी—*द ऑवर ऑफ़ गॉड*। ईश्वर की घड़ी... सचमुच, माँ के घर में, छत के मेरे उस कमरे में, वह ईश्वर की घड़ी ही होती थी! एक रात के बाद दूसरी रात। नीचे की मंज़िल में माँ, दारजी, भाई-बहनें सो रहे होते और ऊपर मैं—सितारों के नीचे अपने मायालोक में। तब किसे पता था, कि एक दिन वह इतना साधारण और सहज लगने वाला सुख भी छूट जाएगा...

वे मेरे किसी 'ईश्वरीय उपस्थिति' से जुड़ने के सुन्दर वर्ष थे, जिन्हें मैंने बाद के जीवन के गँदलेपन और कटुता में गँवा दिया...अब मैं पूरा घेरा घूम आई हूँ। फ़ुल सर्कल। और फिर से कृष्णामूर्ति के पास पहुँच गई हूँ...

कल की रात और आज सुबह एक विचित्र दैहिक पीड़ा में गुज़री...सिर्फ़ यह सोच-सोचकर कि कृष्णामूर्ति ने अपने जीवन में डिवाइन को, दिव्य को (हालाँकि उन्होंने इसके लिए 'द प्रॉसेस' शब्द का इस्तेमाल किया है), कितनी तकलीफ़देह उपस्थिति की तरह झेला था, एक ऑपरेशन की तरह, जब दैवी शक्ति उनके सिर को दो हिस्सों में काटकर अलग कर देती थी, ताकि वहाँ अपने लिए जगह बना सके...मुझे काफ़ी हैरानी हुई, जब डॉक्टरों ने उनके इन गुह्य गहन अनुभवों को कई तरह के नाम दिये—जैसे स्कीज़ोफ्रेनिया, हिस्टीरिया आदि—तो एक नाम माइग्रेन भी दिया...

जाने क्यों, मुझे विश्वास होता जा रहा है, कि माइग्रेन में—आधे सिर के दर्द में—कुछ ईश्वरीय तत्त्व है। (हालाँकि जब मैंने इस पर कविताएँ लिखी थीं, तब मैं इसे इतनी स्पष्टता से नहीं जानती थी।)

द लाइफ़ एंड डेथ ऑफ़ कृष्णामूर्ति। कितना अजीब नाम है, मेरी ल्यूटिंस की किताब का, जैसे वह एक क्षण के लिए भी हमें यह भूलने न देना चाहती हों कि हम उनके जीवन ही नहीं, मृत्यु के बारे में भी पढ़ रहे हैं...हालाँकि बहुत कॉम्पेक्ट किताब है, फिर भी इन दिनों के लिए अच्छी है, जब एक रात की पढ़ाई में मैं बहुत कुछ जान लेना चाहती हूँ।

नित्य, कृष्णा जी के भाई, के कई मार्मिक विवरण हैं, कृष्णामूर्ति की उन यातना-यात्राओं के बारे में, जब वे इन 'विज़िट्स' में से गुज़रते थे। ओहाई में, एक ऐसे दौरे के दौरान कृष्णामूर्ति ने कहा था—*मेरी आँखों के पर्दे, पलकें, जैसे किसी धारदार वस्तु ने काट दी थीं, ताकि दैवी प्रकाश उनमें घुस सके...* (यहाँ एक रेगिस्तान का विवरण है। 'रेगिस्तानी पीड़ा' क्या हो सकती है, इसे पढ़कर ही जाना जा सकता है।)

कृष्णा की आवाज़ ऐसे समय में एक चार साल के बच्चे की-सी हो जाती थी, जब ईश्वर और मृत्यु, दोनों एक साथ उनकी देह में प्रवेश कर जाते थे। जीवन उन्हें छोड़कर चला जाता था...

पराविद्या और पराशक्तियों के ऐसे रोंगटे खड़े कर देने वाले विवरण हैं, कि विश्वास नहीं होता, यह सताया हुआ व्यक्ति सार्वजनिक प्रवचनों में सत्य और रेशनेलिटी को इतना निर्मम और निस्संग होकर परिभाषित किया करता था! शायद यही उनकी उपस्थिति के दैवी तत्त्व का रहस्य था? मैं इन दिनों जैसे किसी दूसरे कृष्णामूर्ति को जान रही हूँ...

17 फ़रवरी, 1986। नींद में मृत्यु।

मैं उनकी कोई तसवीर पाना चाहती हूँ, यहाँ फ़ाउंडेशन में, जो मेरी फटी तसवीर की पूर्ति कर सके। ('इंडिया टुडे' में छपी उनकी रघु राय की तसवीर को मैंने मढ़वाकर अपने सिरहाने रखा हुआ था, जब एक दिन भयंकर ग़ुस्से में मैंने वह तोड़ दी थी...कैसे असह दुख के दिन थे वह। सब जड़ें टूटकर जैसे हाथ में आ गईं थीं और पता नहीं चलता था, तना कहाँ है...)

यहाँ तसवीर कहीं नहीं है। वह चले गए हैं। उनकी इच्छा के सम्मानस्वरूप फ़ाउंडेशन ऐसा कुछ भी प्रोत्साहित नहीं करता, जिससे उनके 'दिव्यकरण' का ख़तरा हो। उन्होंने कहा भी था—*गुरु सिर्फ़ सत्य की ओर जाता रास्ता बताने वाला होता है। शेष अपना रास्ता तुम्हें ख़ुद ही ढूँढ़ना होगा। अगर कोई तुम्हें आधे रास्ते तक पहुँचा आए, तो क्या तुम उसकी पूजा करने लगोगे? क्या यह हास्यास्पद नहीं?*

ঙ

आज सुबह गेस्ट हाउस की इंचार्ज सीता राव ने उनका निजी कमरा खोलकर दिखाया। बहुत ही सादा। एक बड़ा-सा हॉल। दो आलमारियाँ, शायद अखरोट की लकड़ी की। दीवार से सटी हुईं। कमरे के बीचोबीच एक पलंग। पलंग के पायताने एक गद्दा, शायद योग अभ्यास करने के लिए। एक तरफ़ एक कुर्सी। दीवार के पास चार-पाँच कुर्सियाँ, आगन्तुकों के लिए।

इतने बड़े व्यक्तित्व को शायद इतना सादा कमरा ही समो सकता था... जैसे इतनी सारी धूप को ज़रा-सी छाँह!

मैंने खिड़की में से बाहर पेड़ को देखा। इसी को वे देखते होंगे...

कैसी अद्‌भुत दृष्टि थी उनकी...उनकी डायरियों में, जो वह अकेले कमरे में अन्तिम दिनों में टेपरिकॉर्डर को बताया करते थे, एक ही पेड़ कैसे हर सुबह नवेला होकर आता है। एक नया मूड, नई छाँह लिये, जैसे हर रात उसमें कोई अबूझ रहस्य भरती हो, और हर सुबह कृष्णामूर्ति उसे अपनी अकूत अन्तर्दृष्टि से खोलते हों...

वृक्षों और वन्य जन्तुओं से कैसा विलक्षण गहन, मौन सम्बन्ध था उनका। कहीं पढ़ा था, कैसे एक अभयारण्य में एक चीता उनकी गाड़ी के पास आकर काफ़ी समय तक उन्हें अपलक देखता रहा और कृष्णा जी उसे। फिर कृष्णा जी ने खिड़की से हाथ बाहर निकाला, वह उनके पास चला आया, मंत्रबिद्ध-सा। कृष्णा जी ने उसकी पीठ पर हाथ फिराया और वह उनका हाथ देखता रहा। कुछ समय बाद वह जिस बीहड़ में से आया था, वहीं लौट गया...

ଔ

मैं बाहर चली आती हूँ। यहीं कहीं आसपास थिओसॉफ़िकल सोसायटी है... शायद इस पहली मंज़िल के कमरे से दिखती भी हो। इस सदी की शुरुआत में एक सुबह बंगाल की खाड़ी को देखते हुए एनी बेसेंट ने उस बच्चे को पहचाना था, समुद्र में अपने छोटे भाई के साथ नहाते हुए, जिसे भविष्य का विश्व-गुरु घोषित होना था...और इस ख़िताब से मुक्त भी!

मैं इतना भर गई थी कि ऊपर दूसरी मंज़िल पर पहुँचकर ही शान्ति मिलती है। लाइब्रेरी में। ऊँची, सुन्दर छत।

बड़ी-बड़ी अर्द्ध-वृत्ताकार खिड़कियाँ। तीनों ओर। रोज़वुड की सीढ़ियाँ। मुझे इस इमारत से प्रेम हो गया है...चारों ओर पेड़ ही पेड़। फूल ही फूल। यहाँ की हवा, मद्रास के इस मौसम में भी, सबसे शीतल है।

ଔ

सो सर, डू यू थिंक, देअर इज़ गॉड? कृष्णामूर्ति पूछते हैं।

सामने के इस पेड़ के नीचे बैठे। वह आँखें खोल देता है। सबसे आगे बैठा श्रोता, जो अभी तक बहुत तन्मय होकर उनका प्रवचन सुन रहा था। स्थूलकाय, चंदन तिलकधारी, नंगे बदन वाला एक भला-सा दिखता दक्षिण भारतीय। वह कहता है—*हाँ,* फिर उनकी ओर देखता है और लड़खड़ा जाता है।

कृष्णामूर्ति हँसते हैं। छोटी-सी हँसी। वीडियो इसे पकड़ लेता है...

ꙮ

आज यहाँ मेरा आख़िरी दिन है। अभी-अभी नाश्ता करके लौटी हूँ। डॉक्टर परचुरे से बात होती रही। वह कृष्णामूर्ति के साथ, अन्तिम वर्षों, अन्तिम समय में थे। बहुत सहृदय, बहुत सयाने डॉक्टर हैं...कृष्णामूर्ति आर्काइव्ज़ को दुनिया-भर में व्यवस्थित कर रहे हैं। बता रहे थे, कैसे 1986 में 23 जनवरी से 31 जनवरी तक, एक सप्ताह के भीतर-भीतर कृष्णामूर्ति पर तीन-तीन बीमारियों के आघात हुए—पीलिया, अँतड़ियों में रुकावट और कैंसर।

कितना अजीब है कि इतने स्कैंस के बावजूद मृत्यु अपने छिपने का स्थान ढूँढ़ लेती है! वह एक मिलीमीटर जगह, जहाँ से दो महीने बाद फैला हुआ कैंसर सामने आया, किसी स्कैन, किसी एक्स-रे में नहीं आई। जब कृष्णा जी को वस्तुस्थिति पता चली, तो उन्होंने ईश्वर को पुकारा—*हे ईश्वर, मुझसे कहाँ ग़लती हुई?* (वह एक सौ वर्ष जीना चाहते थे—मेरी ल्यूटिंस लिखती हैं...)

अजीब है न?

सारी ज़िन्दगी ईश्वर को लेकर चुप रहने वाला एक साधक, अन्तिम समय में पूछता है। उसी से।

क्या पूछता है?

बैंकॉक से लौटते हुए, 1994

पाँच बुद्ध। लेटे हुए बुद्ध। हँसते हुए बुद्ध। भगवान मैत्रेय। ध्यानस्थ। पन्ने के बुद्ध...

पेइचिंग। बैंकॉक...

बुद्ध के पाँव। विशाल। उनके गिर्द गोल दायरे। फिर चक्रों में विभाजित। विशालकाय। पहले बुद्ध बनाए जाते थे, फिर उनके गिर्द मन्दिर की दीवारें...

एक महान मनुष्य के चरणों में सिर झुकाने की यह कैसी कल्पना है? बुद्ध बिना दरवाज़े में से गुज़रे भीतर पहुँच जाते हैं। हम मानवीय ऊँचाई की चौखट में से गुज़रकर भीतर जाते हैं—तब वह दिखाई देते हैं...आकाश तक उठे हुए... जहाँ उनका सिर रुकता है, उसके ऊपर छत शुरू होती है। जैसे बुद्ध ईश्वर की छत के नीचे हों—और हम उनकी छाँह के नीचे!

बुद्ध। पाँच बुद्धों के मन्दिर वाले बुद्ध।

मैं तुम्हारी शरण में आती हूँ।

कृष्णामूर्ति की पीड़ा के क्षणों में तुम्हीं उनसे मिलने आते थे न? कृष्णामूर्ति तुम्हारे 'वाहन' थे। जीवन-भर वह इसके बारे में मौन रहे। तुम उनके 'मेहमान' थे। वह कहते थे, द *विज़िटर।* अन्तिम समय तक वह तुम्हारे लिए जगह बना रहे थे। अपने सिर के भीतर। बुदबुदे जितनी जगह। कोशिकाओं का कायाकल्प। *ट्रांसम्यूटेशन ऑफ़ सेल्स।* ताकि तुम वहाँ रह सको...

कैसे यहाँ सारी मनुष्यता तुम्हारे विचार से भीगी हुई है। संसार के इस हिस्से में। सड़क पार करते हैं तो बाल-भिक्षु। भिक्षुणियाँ। मन्दिर की परिक्रमा में। दंडवत्...कहते हैं, यहाँ एक दिन के लिए भी श्रमण-व्रत ले लेते हैं? केवल उस अनुभव में से गुज़रने के लिए, जो गेरुए वस्त्र पहनने से आता है?

यह कैसा शोक है जो हरदम वैसा ही बना रहता है? जैसे तुम इसी का एक नाम हो?

मैं तुम्हारी शरण में आती हूँ। बुद्ध।

दिल्ली, 1994

रात दस बजे उसका फ़ोन आता है। *प्योर फ्रेंड बालन।* थोड़ा-सा नशे में। *मैं एक घंटे से सोच रहा था कि तुम्हें फ़ोन नहीं करूँगा। प्लीज़ बुरा नहीं मानना। मैं तुमसे कुछ कहना चाहता हूँ। आज सारा दिन मैंने सिर्फ़ तुम्हारे होने को महसूस किया। तुमने मुझे मनुष्य होने का अहसास दिलाया। इस शहर में हर किसी ने मुझसे यों बात की, जैसे मैं कोई अजूबा हूँ, केरल के किसी दूर गाँव से आया हूँ...*

वह बहुत कुछ कहता है। एक कमरे के अपने घर के बारे में। वहाँ सिर्फ़ एक कुर्सी के बारे में। कहता है कि वह मुझे कभी अपने घर नहीं बुला पाएगा क्योंकि मुझे बैठाने को उसके पास कुछ नहीं...फिर वह विजयलक्ष्मी के बारे में बताता है। मलयालम कवयित्री, केरल साहित्य अकादेमी पुरस्कार से सम्मानित। वह टेलीफ़ोन ऑपरेटर है। बालन क्लर्क।

संस्कृति पुरस्कार समारोह में गई थी, जहाँ इस वर्ष का साहित्य पुरस्कार बालन को मिला था। हिचकिचाता-सा वह एक कोने में खड़ा था। साँवला, लम्बा, चेहरे से बहुत कोमल, सघन। इंडिया इंटरनेशनल सेंटर के लॉन्स में। मैं अपने स्वभाव के विरुद्ध आगे बढ़कर मिलने चली गई। संस्कृति परिवार की पुरानी सदस्य होने के नाते। इसलिए भी कि वह दक्षिण भारतीय था। रक्षा कवच के जो एंटीना स्वभाषी लेखकों से मिलने में चौकन्ने रहते हैं, उनकी यहाँ ज़रूरत नहीं। यह दूसरा बैंड है, दूसरी वेव लैंथ।

बालन सब बातें कह डालना चाहता है। वह सत्रह साल का था जब घर वालों ने उसे निकाल दिया। वह जब बी.ए. में था, उसकी कविता एम.ए. में पढ़ाई जा रही थी...कॉलेज में वह लाल क्रान्तिकारी था। उन्नीस की उम्र में एक दिन वह अचानक अपने शहर से निकल आया। भारत देखने...पैसे थे नहीं। केरल से उसने बेटिकट यात्रा आरम्भ की। जहाँ भी टीटी के आने का अन्देशा होता, वह उतर जाता। हालत ऐसी खस्ता कि लोग भिखारी समझकर ख़ुद ही पैसे फेंक देते। इसी तरह सब जगह घूमा। मध्य प्रदेश, राजस्थान, हरिद्वार, दिल्ली, बनारस, हिमाचल, बिहार, कलकत्ता। *जानती हो, दुनिया में दो भाषाएँ हर कोई समझता है। पेट की भूख की और सेक्स की।* यात्रा के ही दौरान किसी साधु ने उसके कपड़ों की हालत देखकर उसे अपने गेरुए वस्त्र दे दिये। बस, उसके बाद ज़िन्दगी बदल गई। मुश्किलें आसान हो गईं।

मैं सुनती रहती हूँ। उसकी बातें हैं कि पूरा आश्चर्यलोक। *तुम्हारे दिल्ली में एक जगह है यूसुफ़ सराय। जानती हो?* हाँ। *मैं वहाँ सड़क पर तीन दिन सोया था। भूखा।*

इक्कीस की उम्र में उसने विवाह किया। विजयलक्ष्मी उसके कॉलेज में पढ़ती थी। इस विवाह के बाद उसकी पत्नी को भी घरवालों ने निकाल बाहर किया। *अब वह कवयित्री चौदह सालों से मेरी रसोई में है।* उनका दस साल का एक बेटा है। वह उसके बारे में बताता है...

एक कवि एक अनजान स्त्री को अपना सारा जीवन खोलकर दिखा रहा है। एक क्रूर शहर में। उसने मेरी एक पंक्ति नहीं पढ़ी। न मैंने उसकी। लेकिन हम सरस्वती की सन्तानें हैं। सौतेली...

वह मेरे बच्चों के बारे में पूछता है। फिर फ़ोन पर उस सवाल के लिए माफ़ी माँगता है। कहता है, *दरअसल जब मैं तुम्हारा चेहरा देख रहा था, तो मुझे लगा, वह एक माँ का चेहरा है।* मैं कहती हूँ, *मेरे अनहुए बच्चे मेरी शक्ल ऐसी कर देते होंगे...*वह बहुत कुछ कहता रहता है। जीवन के बारे में, नाकामियों के बारे में। *बुरे वक़्त के लिए तैयार रहना, गगन।* वह यों कहता है, जैसे उसने मेरा भविष्य देख लिया हो। *तुम वादा करो, तुम मुझसे पहले मरोगी नहीं। यह एक आदेश है...*

वह यह बात कई बार कहता है।

वह नशे में है या अकेलेपन के दुख में, कहना मुश्किल है। मैं पूछती हूँ, तुमने भोजन कर लिया? वह कहता है, *अभी केरल हाउस से निकलकर अशोक यात्री निवास जाऊँगा, वहाँ कुछ खाऊँगा।*

रात के पौने ग्यारह बजे तक उससे बात होती रहती है।

कवि, इस अनजान शहर में मैं तुम्हें कुछ नहीं परोस सकती। न उम्मीद, न दिलासा, न भोजन।

साहित्य अकादेमी की एक शाम, 1994

मेरेलिन क्रिसिल की कविताएँ। त्वचा पर। *मिडवाइफ़ एंड अदर पोएम्स* में से। अद्‌भुत कवयित्री हैं। बड़ी उम्र की, विदुषी, एक कविता *आई डिड नॉट वांट टु लुक लाइक माई मदर*—मैं अपनी माँ जैसी नहीं दिखना चाहती थी...बहुत सुन्दर थी। बोलीं भी बहुत अच्छा। *स्टीलिंग द लैंगुएज* किताब का ज़िक्र किया। यदि वह यहाँ कुछ दिन और रहतीं, तो उन्हें जानकर अच्छा लगता!

कविता पाठ के बाद...मिलती है। मैं उससे बचना चाहती हूँ। उसकी विक्षिप्त हँसी से। मैं उसे ज़्यादा नहीं जानती, लेकिन उसमें कुछ ऐसा है, जो मुझे परेशान करता है। आज की शाम मुझे उसी से टकराना था! वह मेरे घर से कुछ आगे रहती है। मुझे गाड़ी में छोड़ देगी, कहती है। मैं उसके साथ आ जाती हूँ। मैं उसे दुख नहीं पहुँचाना चाहती। उसे मालूम ही है, लोग उसके बारे में क्या सोचते हैं। मुझे वह दूसरों से अलग समझती है। सो मुझे अलग होकर बताना है।

रास्ता-भर वह कुछ न कुछ पूछती है और मैं छोटे-छोटे जवाब देती हूँ। बचने के लिए। मैं उसकी तरफ़ देखती तक नहीं, क्योंकि वह गाड़ी चलाते हुए भी लगातार मेरी तरफ़ देख रही है...पंचकुइयाँ की रेडलाइट पर वह अचानक अपना हाथ मेरे चेहरे पर ले आती है, उसे सहलाने लगती है। मेरी आँखें मुँदने लगती हैं...मैं उसकी ओर देखती हूँ। उसका चेहरा तरल हो आया है। हो सकता है, मेरा चेहरा उस बच्चे का हो, जो उसने कभी नहीं जन्मा?

वह अकेली है, एक दुखद प्रेम की बदनामी अब तक ढोती हुई, हालाँकि पिछले कई वर्षों से वह साधु-संतों के फेर में है...

वह कहती है, *तुम मुझे बहुत अच्छी लगती हो। तुम मेरे धर्म की हो, इसलिए...तुम्हारे माता-पिता ने धर्म-ग्रंथों पर इतना काम किया है, इसलिए भी। और तुम एक कवि हो। अच्छी इनसान हो। मैं चाहती हूँ, तुम इसी तरह रहो। ऐसी ही। आज तुम्हें इतने वर्षों बाद देखा, तो बहुत अच्छा लगा...*

उस स्त्री के भीतर एक बुदबुदा है। उसके रक्त के भीतर, उसकी आत्मा के भीतर। जो बहुत पीड़ा देता है...

उसे तोड़ना चाहिए। उसे जानना चाहिए।

कोचीन-कन्याकुमारी-त्रिवेंद्रम, 1994

हमेशा की तरह यह आख़िरी वेला है। घर लौटने से पहले, जब मैं सब दर्ज कर लेना चाहती हूँ...

गोवा मेरी सोई आँखों के पास से गुज़र गया। जहाज़ रुका, मेरे कानों में गोवा की आवाज़ पड़ी, मैंने आँख खोलकर बाहर देखा, ताड़ के बड़े-बड़े पत्ते। हरियाली। सुबह के बादलों पर भी जैसे समुद्र का नाम लिखा हो। पर नींद थी कि डुबो देगी। कोई मेरे सोए पानियों में काँटा डाले बैठा था...उठना असम्भव था।

कोचीन का हवाई अड्डा। ऐसा सुनसान, निर्जन एयरपोर्ट पिछली बार कब देखा था? शायद जोधपुर में...

बालन मिलता है। दो गुलाब के फूलों के साथ। उसी के न्योते पर मैं यहाँ हूँ। वह मुझे स्वागत कमेटी के चेयरमैन श्री वेणुगोपाल से मिलवाता है—*यह मेरी व्यक्तिगत मित्र भी हैं।* हिन्दी बेल्ट में कोई यह कह दे तो उसका वध हो जाए, लेकिन यहाँ देखती हूँ, यह परिचय उनकी आँखों में एक गहरे आदर का भाव ले आया है...

बालन ने अपने मलयाली साहित्य-प्रेमी दोस्तों के साथ मिलकर इस अखिल भारतीय लेखक-सम्मिलन का आयोजन किया है। चंदे लेकर धन जुटाया है। बिलकुल विवाहोत्सव जैसा माहौल है। जैसे हम लेखक नहीं, बाराती हों!

(यहाँ हर कोई साहित्य से लगाव रखने वाला मिलता है—फैक्टरी-मालिक, जूते बेचने वाला दुकानदार, टेंट हाउस वाला, हलवाई, यहाँ तक कि होटल का वेटर भी, जो एक सुबह *मातृभूमि* अख़बार में मेरी तसवीर देखकर इतना उत्साहित हो गया कि सात बजे की बजाय छह बजे ही बेड टी पिलाना चाहता था! पता चला, सच्चिदानंदन का कोई धारावाहिक संस्मरण छप रहा है, हम लोगों की चीन यात्रा पर। सारे ग्रुप की तसवीर थी—दूर से खींची हुई। अस्पष्ट। मुझे ही पहचानने में दिक़्क़त हो...*तुमने कैसे पहचाना?* मैं तसवीर में काला चश्मा लगाए, एक लम्बी स्कर्ट-जैकेट पहने हूँ। वह मुस्कराने लगा, जैसे कोई राज़ हो—*बस, पहचान लिया।*

वह एक पढ़ा-लिखा वेटर है, बीस-इक्कीस साल का लड़का। मलयाली कवियों पर स्वतंत्र विचार रखता है। उसे सब मालूम है, कौन टॉप का कवि है, कौन बस ठीक-ठाक है, और अगर उसने किसी मलयाली लेखक का नाम ही नहीं सुना, तो वह डूब मरने लायक़ है। सौभाग्यवश मेरे सब लेखक मित्रों के बारे में उसने सुन रखा है और उनकी जान को कोई ख़तरा नहीं!)

☙

उद्घाटन समारोह पेरियार नदी के किनारे है। एक बहुत सुन्दर मंडपम बना है। गोलाई में, बाँसों पर खड़ा। जैसे रेड इंडियंस के घर होते हैं। दो सौ से भी अधिक नृत्य-कलाकार। सजे हुए हाथी। मोहन वर्मा, मलयाली लेखक, जिनसे मेरा परिचय अभी कुछ देर पहले हुआ है, सब नृत्यों के प्रतीकात्मक अर्थ बता रहे हैं, और मैं कौतुक से कभी इधर कभी उधर देखे जा रही हूँ। सैकड़ों लोग हैं यहाँ। पेरियार के किनारे जैसे सारा शहर उमड़ आया हो...

☙

अनंतमूर्ति यहाँ बहुत बड़े हीरो हैं। वह इतनी सहजता से, इतनी आत्मीयता से बोलते हैं, एकदम 'घरवाले' होकर। वह बालन की खिंचाई करते हुए उद्घाटन

भाषण देते हैं। *हम सबको यह तो मालूम था कि बालन में एक पागल है, लेकिन वह पागलपन यह रंग लाएगा, हममें से किसी ने नहीं सोचा था...*सब हँस रहे हैं। सबको दिख रहा है कि साहित्यिक विमर्श तो इस मेले में क्या ही होगा। फिर भी सब ख़ुश हैं। पेरियार के किनारे सब इकट्ठे तो हुए।

मलयालियों ने कैसे एक कन्नड़भाषी को अपना बना लिया है! कुछ साल पहले तक अनंता यहाँ महात्मा गांधी यूनिवर्सिटी के कुलपति थे। उन्हीं की प्रेरणा से यहाँ साक्षरता अभियान शुरू हुआ। छात्राएँ गृहिणियों को पढ़ाने पहुँचतीं, तो वे बहाना करतीं, घर का काम पड़ा है...फिर छात्राएँ ग्रुप में जाने लगीं। एक उस गृहिणी को पढ़ाती, दूसरी उसके घर का बचा काम—बर्तन, सफ़ाई आदि करती। अब सारा प्रदेश साक्षर है। अनंता हीरो क्यों न हों!

अनंतमूर्ति की सबसे सुन्दर बात है, उनका सेंस ऑफ़ ह्यूमर। अक्सर बिलकुल बच्चे की तरह हँसने लगते हैं। कुछ साल पहले जब मैं *संडे ऑब्ज़र्वर* में थी और मौक़ा मिलते ही अपने वरिष्ठ मित्रों को घेरती थी, कि कुछ लिखिए, अनंता ने कहा था, गगन, मैं तुम्हारे पन्नों में लिटरेसी अभियान के अपने अनुभव लिखना चाहता हूँ...मैंने उत्सुकता से उन्हें देखा, मालूम था, उनके पेट में गुड़-गुड़ हो रही है। *यू नो* (अनंता का तकिया कलाम), *एक पान वाले ने मुझसे कहा, जबसे आप लोगों ने मुझे लिखना सिखाया है, मेरी कॉपी एकदम बकवास हो गई है। पहले जब मैं कॉपी में लिखता था, तो मेरा कोई कोड होता था। जो ग्राहक मुझे कव्वे जैसा दिखता था, उसके हिसाब में कव्वा बनाकर लाइनें खींचता था। कोई भेड़िया होता था, किसी की तोते जैसी नाक थी... मुझे उनकी तसवीर के कारण झट उनका पन्ना मिल जाता था। हिसाब लिखना आसान था। अब तो सारी कॉपी ही एक जैसी दिखती है...*

ଓ

एक दोपहर हम कुछ लेखक समारोह से खिसक जाते हैं। मैं, नवनीता देवसेन, केकी दारूवाला, सुनील गंगोपाध्याय। कोचीन का प्रसिद्ध सिनेगॉग, सेंट फ्रांसिस का चर्च, डच महल और तट पर मछुआरों के फैले चीनी जाल देखने।

ज्यू क्वार्टर्स में उजाड़ सन्नाटा है। जैसे धीमे-धीमे सिसकता कोई शोकगीत...गली में हम चलते हैं...तो हमारे जूतों की आवाज़ हम सुन सकते हैं। आसपास टॉयलेट मिलने की कोई सम्भावना नहीं। जाना सभी को है, लेकिन मुझसे तो अब चला भी नहीं जा रहा...अचानक एक घर के बाहर, आँगन में एक बूढ़ा यहूदी मिलता है। धूप सेंकता हुआ। साथ में उसकी पत्नी। दोनों गोरे हैं। पत्नी ने लुंगी पहन रखी है। कुछ-कुछ जेनिफ़र केंडल जैसी दिखती है। केकी जाकर अपने 'जेंटलमैनली' संकोच में उनसे टॉयलेट के बारे में पूछते हैं। *हाँ, हाँ, आइए।*

ख़ूब बड़ा घर है। ऊँची छत। पुराना पीरियड फ़र्नीचर। धूल। कहीं कुछ बहुत उदास। बात होने लगती है...

पूरी गली में हम सिर्फ़ इक्कीस जन हैं। बच्चे-बूढ़े मिलाकर। युवा लोग ज़्यादातर या यूरोप चले गए हैं या इज़राइल...हमारी दोनों बेटियाँ इज़राइल में हैं। कभी कोई धार्मिक अनुष्ठान करना होता है तो दस लोग भी नहीं मिलते, जो यहूदी धर्म के अनुसार कम-से-कम होने चाहिए। फिर दस से तेरह की उम्र के बच्चों को कोरस में मिलाकर काम चलाया जाता है...इस 1500 साल पुराने सिनेगॉग में कभी कोई रबाइ (यहूदी पुरोहित) *नहीं रहा।*

वह बुज़ुर्गवार हमें सिनेगॉग दिखाने ले जाते हैं। ख़ज़ाने की चाभी उन्हीं के पास है। पवित्र अलमारी में सोने का पानी चढ़े चाँदी के बेलनाकार डिब्बे हैं जिन पर बारीक नक़्क़ाशी और जड़ाऊ रत्नों का काम देखते ही बनता है। वह ढक्कन खोलते हैं...तो यह है टोराह...यहूदी धर्म-ग्रंथ। गाय की खाल पर उकेरी इबारत।

लिपिकार से तीन-चार जगह ग़लती हो गई, वहाँ हम ख़ुद ही सही करके पढ़ लेते हैं...

दिलचस्प बात यह है कि यहूदी यहाँ ईसा के होने से एक सदी पहले आए थे। भारत की मिट्टी ने भी कहाँ-कहाँ के लोगों को खींचा है! यहूदी, पारसी, यूनानी, चंगेज़। कोई लुटेरा, कोई शरणार्थी। अभी तक सब चले आ रहे हैं। कोई गुंबद में अपने मृतकों का शव रख आता है कि पक्षी उसे खा लें, कोई सड़क के किनारे उसका मज़ार बनाकर बैठ जाता है...किसी को किसी से कोई ख़तरा नहीं। सिवाय भितरघात के!

बाहर आते हैं, तो केकी सबसे गम्भीर, चिन्तामग्न हैं। *पारसी भी इसी तरह मर रहे हैं, आपस में विवाह कर-कर के...*

सच है, जो गिनती में ज़्यादा हैं, उनकी जान अलग कारणों से हलकान है, और जो कम हैं, उनके अलग दुख हैं।

एक दुख फिर दूसरे से जा मिलता है। अचानक केकी कहते हैं, *एक आदमी मेरी कविता पर एम.फिल. कर रहा है—केकी दारूवाला की कविता में अश्लीलता...कैन यू इमैजिन? वह मुझसे यहाँ मिला भी था।*

केकी जैसे अपने से ही बोल रहे हैं। वह बहुत आहत हैं।

ɞ

हम सब मेरे ही कमरे में लौट आते हैं। मैं सबके लिए फ्रेश तौलिए मँगवाती हूँ। हाथ-पाँव धो लेंगे, तो थकान उतर जाएगी...

बड़ी विचित्र, उदास शाम है। पता नहीं क्यों, हम सब बहुत ही प्राइवेट क़िस्म की बातें करने लगे हैं। नवनीता बताती हैं, कैसे वर्षों पहले एक युवा मराठी साधु ने उनका माथा देखकर भविष्यवाणी की थी, तुम्हारा विवाह टूट जाएगा...तब वह गृहिणी थीं, छोटी उम्र की, पहली बच्ची अभी हुई ही थी। सुनकर ही पैरों तले से ज़मीन निकल गई थी। और बाद में जब यह हुआ, सब सह गईं। बावजूद सबके, जी गईं।

मैं भी बहकने लगती हूँ। बताती हूँ, *मुझे एक ज्योतिषी ने कहा, तुम अपने माता-पिता की पहली सन्तान नहीं हो। तुम्हारा एक मृत भाई होना चाहिए...मैंने माँ से जाकर पूछा। क्या यह सच है? वह रोने लगीं...तब से कई बार रात को मुझे लगता है, वह मेरे पास आकर सो रहा है, मेरा बड़ा भाई, मेरी माँ का दो माह का भ्रूण...वह दुनिया में किसी को न दिखता अगर वह मेरी कुंडली के घर में न आकर बैठ गया होता...और अजीब बात यह है कि उसका यह घर सिर्फ़ मेरी कुंडली में है, मेरे दूसरे भाई-बहनों की कुंडली में नहीं...कभी-कभी लगता है, मैं ही उसकी सबसे सगी हूँ...ऐसा न होता, तो वह क्यों हर रात आकर मेरे पास सोता? मेरा अधबना भाई?*

ॐ

कार्यक्रम समाप्त होने से पहले एक शाम बालन हम सबसे मिलने आता है। मैं, उदयन, मल्लिका, सुबोध उसकी मायावी बातें सुन रहे हैं। वह मुँड़ेर से पेरियार को देखता हुआ कहीं और ही चला गया मालूम होता है। उसकी बातों का कोई-कोई सिरा ही हम पकड़ पाते हैं।

वी आर द एशेज़ ऑफ़ स्टार्ज़—हम सब राख हैं सितारों की... यह जिस नदी को तुम देख रहे हो, इसी में मैंने अपने पिता की अस्थियाँ बहाई थीं। वह जाने कौन-कौन सी घटनाएँ बता रहा है। प्राइवेट अपमान, अधूरे प्रेम-प्रसंग, अपनी ही उत्कटता से कमज़ोर पड़ती चेतना की डोर...यह कोई दूसरा ही बालन है। पोज़ेस्ड। किसी जादू में बोलता हुआ...

सहसा वह मुड़ता है, हम चारों को देखता है। कमरे में जाते हुए दिन का मटमैला-सा प्रकाश है। पता नहीं, हम चारों के चेहरे पर क्या लिखा है, वह एक-एक को ध्यान से पढ़ता है। अपने में ही जैसे बुदबुदाता है—*मेरे बाईस दोस्तों ने आत्महत्या की, पन्द्रह विक्षिप्त हो गए...*

अगर यह इसी तरह कुछ देर और अपनी गाथाएँ सुनाता रहा, तो इसका एक-आध दोस्त और भी खिड़की से कूद सकता है। फिर यह बता नहीं पाएगा, कि इसका दोस्त पागल होकर मरा या आत्महत्या करके...

अचानक मैं पूछती हूँ, बालन, तुम्हारी पत्नी कैसे रहती है, तुम्हारी इस उत्कटता के साथ? *उससे मिलकर देखना। तुम्हें अस्पताल की ज़रूरत पड़ेगी...*

ॐ

अगली सुबह बालन मुझे विदा करने समय पर पहुँच गया है। उसे बिलकुल अच्छा नहीं लग रहा, कि मैं अकेली त्रिवेंद्रम और कन्याकुमारी जा रही हूँ। उसे मेरी सुरक्षा को लेकर तरह-तरह की दुश्चिंताएँ हो रही हैं, जबकि मैं एकदम सहज हूँ। वैसे भी यह दक्षिण भारत है। भाषा की समस्या चाहे हो, लेकिन लोग वैसे घाघ नहीं हैं, जैसे उत्तर में।

मैं कन्याकुमारी एक्सप्रेस में चढ़ी हूँ लेकिन बालन की सलाह है, मैं त्रिवेंद्रम उतर जाऊँ। जब तक यह गाड़ी कन्याकुमारी पहुँचेगी, अँधेरा हो जाएगा...अकेली औरत के लिए यह ठीक नहीं। मैंने उसकी बात मानकर त्रिवेंद्रम तक का टिकट लिया है। लेकिन अभी दिन काफ़ी बाक़ी है, जब हम त्रिवेंद्रम पहुँचने को हैं। एक घंटा और बैठी रहूँ तो सीधी कन्याकुमारी पहुँच जाऊँगी...वहाँ सूर्यास्त हो रहा होगा। तीन समुद्र मिल रहे होंगे...यह कोई छोटा प्रलोभन नहीं।

क्या गाड़ी में टिकट एक्स्टेंड हो जाएगा? मैं टीटी से पूछती हूँ। *फ़र्स्ट क्लास का तो उतरकर ही करवाना होगा। गाड़ी कितनी देर रुकती है? पन्द्रह मिनट। प्लेटफ़ार्म नम्बर एक पर।* तब तो करवाया जा सकता है।

मैं उतर जाती हूँ। ऐसा साहस फिर कब आज़माने को मिलेगा? लेकिन उतरकर दूसरे दर्जे का टिकट लेती हूँ। कहाँ पच्चीस रुपये, कहाँ डेढ़ सौ रुपये। एक घंटे के सफ़र के लिए!

ઉ

डिब्बा लगभग ख़ाली है। तीन-चार किशोर लड़के ज़रूर उधम मचाते इधर से उधर दौड़ रहे हैं। मैंने गलियारे वाली सीट चुनी है। इसका एक फ़ायदा यह है कि मेरे सामने कोई शोर मचाता परिवार आकर नहीं बैठ सकता। खिड़की से बाहर देखने में भी कोई व्यवधान नहीं है।

कुछ देर बाद देखती हूँ, दो पुलिस वाले (रेलवे पुलिस से) मेरे आस-पास आकर बैठ गए हैं। एक ठीक सामने, एक गलियारे के पार वाली सीट पर। जिस तरह वे मुझे देख रहे हैं, मुझे अटपटा लगता है। फिर एक पूछता है, अपनी टूटी-फूटी अंग्रेज़ी में—*मैडम, ये लड़के क्या आपको परेशान कर रहे थे?* लड़के? कहाँ? मैं देखती हूँ, उनमें से एक की बड़ी-बड़ी मूँछें हैं। बस हाथ में डंडा नहीं है, जैसा फ़िल्मों में सिपाहियों के पास होता है...मुझे हँसी आ जाती है। आपका मतलब इनसे है? वे व्यग्रता में सिर हिलाते हैं। वे तो खेल रहे हैं। गाड़ी ख़ाली होगी और इतनी धीरे-धीरे चलेगी, तो बच्चे खेलेंगे ही।

दोनों फिर भी मुझे शक से देखते रहते हैं। एक शायद बॉस है। वह गम्भीर मुद्रा में मेरा मुआयना कर रहा है। उसका सहायक जोकर है। मुझसे बातचीत में वही पहल करता है।

व्हेअर आर यू कमिंग फ्रॉम, मैडम?

बेड़ा गर्क। अब ये मुझे बाहर नहीं देखने देंगे। गाँव गुज़र रहे हैं, खेत जा रहे हैं...लेकिन मैं डपटना भी नहीं चाहती। पता चलता है, मैं जितना उत्तर देती हूँ, उतनी ही उसकी जिज्ञासा बढ़ती जाती है। जितनी उसकी उत्सुकता बढ़ती जाती है, मैं कथा गढ़ती जाती हूँ। कि मेरी कॉन्फ्रेंस के साथी मुझे कन्याकुमारी में मिलने वाले हैं। कि मैं अकेली नहीं हूँ। कि मेरे पति भी आए हैं। अगर वे थोड़ी देर और न विश्वास करें, तो शायद मैं कहने लगूँगी, बच्चे भी आएँगे...

आप उनसे मिलेंगी कहाँ? पुलिस वाली अक़्लमंदी का सवाल है। सनराइज़ प्वाइंट है न, वहाँ। *कब?* आज नहीं पहुँच सकी तो कल। *अगर वे वहाँ न हुए तो?* होंगे। होंगे क्यों नहीं? वे सन्तुष्ट नहीं हैं। अफ़सर तमिल में अपने जूनियर को कुछ कहकर उतर गया है। (इस बॉर्डर इलाक़े में सब लोग मलयालम भी जानते हैं, तमिल भी।) *आपको सही-सलामत होटल तक छोड़ आने को कहा है साहब ने!*

गाड़ी जिस तरह मंथर चल रही है, रात आठ बजे पहुँचती है। सारा स्टेशन घुप्प अँधेरे में घिरा है। बिजली नहीं है। एक अँधेरे स्टेशन पर उतरने का यह मेरा पहला अनुभव है...अच्छा ही है, कि यह पुलिस वाला मुझे पहुँचाने आया है। वह मुझे तमिलनाडु होटल पर छोड़ने आता है। ऑटो में। उसकी इच्छा तो यह है कि वह सुबह आकर सुनिश्चित करे कि मैं अपने साथियों से मिली कि नहीं, लेकिन मेरा हठ और खीज देखकर विदा हो जाता है। जाते हुए तीन बार वह लौटकर हाथ मिलाने आता है। पता नहीं, मुझे कोई एन.आर.आई. तो नहीं समझ रहा?

विश्वास नहीं होता, कि आन पहुँची हूँ। भारत के सबसे दक्षिण बिन्दु पर। तीन समुद्रों के मिलन-स्थल पर। सुबह तक कौन इन्तज़ार करेगा! भोजन मँगाती हूँ, स्नान करके फ्रेश होती हूँ, और दो गोलियाँ खाकर बाहर आ जाती हूँ।

सिर में तीखा दर्द है। धम्म। धम्म। हथौड़ा चल रहा है। लेकिन इस तरह शरीर से हार जाओ, तो घर में ही न पड़े रहो?

टूरिज़्म विभाग के होटलों का सबसे बड़ा आकर्षण है उनका व्यू। प्राय: सबसे बेहतरीन जगहें उन्हें ही दी जाती हैं। मेरे कमरे की बालकनी से समुद्र सुनाई देता है। वेटर से पूछा, कौन-सा समुद्र है सामने? *अरब सागर।* सड़क के उस पार। सामने ही है। कोई दो सौ गज़ दूरी पर।

होटल के प्रांगण में अँधेरा-सा है। चौकीदार को बताकर बाहर आ जाती हूँ। सड़क के उस पार फ़्लड लाइट्स हैं। तट पर नज़र रखने के लिए। किनारे पर क़रीब बीस फ़ीट ऊँचा बाँध है। रोशनी यहीं तक है। आँखों में चुभेगी, पीठ करके बैठूँ, तो भी, फिर भी मुँड़ेर पर बैठने का लोभ नहीं छोड़ पाती!

नीचे अँधेरा है। हाहाकार करता वही आदिम समुद्र। पता नहीं कितने जहाज़ इसमें डूबे होंगे, इस अरब सागर में? और मछलियाँ इस समय कहाँ होंगी? क्या कर रही होंगी? शायद सो रही होंगी तल पर?

हज़ारों वर्ष पहले जब लावे में से धरती बनी होगी, तो यहाँ आते-आते तक बिलकुल ठंडी हो गई होगी। इसके आगे जाने से पहले रुक गई होगी। इसके बाद उसने कहा होगा, *आ, महासागर, तू आ।* एक तरफ़ मुड़ी होगी, तो बंगाल की खाड़ी दौड़ती आई होगी। दूसरी ओर देखा होगा—तो अरब सागर, उसका छोटा भाई खड़ा रहा होगा।

हर तट धरती का ठिठका हुआ पाँव है। अपने बाद समुद्र को जगह देता हुआ।

मैं अपना तीसरा क़दम कहाँ रखूँ? वामन मुड़कर पूछता है...

आप यहाँ क्या कर रही हैं?

मैं चौंक जाती हूँ। एक दुबला-पतला, चिन्तित-सा चेहरा, जिसे मैं अँधेरे के कारण ठीक से देख भी नहीं पाती, मुझसे हिन्दी में पूछ रहा है।

आप क्या करना चाहती हैं?

मैं उसे हकबकाई देखती रह जाती हूँ।

क्या बात है?

वह अब झुककर मुझे देख रहा है। नहीं, मैं रो नहीं रही। आज की रात आत्महत्या का कोई इरादा नहीं मेरा।

आप कहाँ से आई हैं? कहाँ ठहरी हैं?

मैं बताती हूँ।

अकेली? क्यों? कोई बात है? यह जगह ठीक नहीं। अपने कमरे में जाइए। सुबह देखना, जो भी देखना है।

क्यों? आख़िर मैं अपना धैर्य खो देती हूँ। आपको चिन्ता करने की कोई ज़रूरत नहीं। चौकीदार को बताकर आई हूँ। अपनी ख़ुशी से आई थी, अपनी ख़ुशी से उठूँगी। समझे आप? मैं किसी को यहाँ कुछ कह तो नहीं रही? आपको मालूम है, दिल्ली कहाँ है? कितनी दूर है? मैं वहाँ से आई हूँ। सारा दिन मैं रेल में बैठी रही। सोचती रही, कब पहुँचूँगी, कब इस समुद्र को देखूँगी। आपको कुछ समझ में आ रहा है, मैं आपसे क्या कह रही हूँ?

वह सिर हिलाता हुआ चला जाता है। अजीब औरत है! जब दुखी भी नहीं है, मरना भी नहीं है, तो इस वक़्त यहाँ अँधेरे में बैठी क्या कर रही है? किसे देख रही है?

वहाँ सड़क पर, बिजली के खम्भे के नीचे उसका एक साथी खड़ा है, साइकिल लिये। कुछ देर दोनों में बात होती है। वे दोनों जाते नहीं। खड़े रहते हैं... द *गुड स्मैरिटंस।* मेरी दिशा में देखते हुए। कि कोई बात हो, मैं समुद्र में यदि कूदूँ, तो वे कुछ कर सकें!

मैं वापस समुद्र की ओर देखने की कोशिश करती हूँ, लेकिन समुद्र जाने कहाँ चला गया है। मेरा सारा ध्यान उन्हीं में अटका है। न मुड़े भी मैं उन्हें ही देख रही हूँ। मुझे देखते हुए!

कुछ देर ज़िद करके बैठी रहती हूँ...

किससे यह ज़िद है? अपने से? अपने अकेलेपन से?

मैं उठ जाती हूँ। लौटने लगती हूँ। अब कहीं कोई नहीं है। वे चले गए हैं... यह सच है, मैंने आत्महत्या के बारे में कई बार सोचा है, लेकिन समुद्र में? मैं कभी सोच भी नहीं सकती...

बर्लिन में रोलाँ बियर, 1997

उनसे मिलने से पहले उनकी ख़बर मिल चुकी थी। *मैं तुम्हें अपने एक ऐसे मित्र से मिलवाना चाहता हूँ, जो मुझसे भी अधिक ग़ैर-व्यावहारिक है...*एक शाम निर्मल इंडिया इंटरनेशनल सेंटर से लौटे तो इन शब्दों में पहले-पहल रोलाँ बियर का परिचय मिला।

अगली शाम रोलाँ बियर हमारे घर में थे। निर्मल की ही तरह छोटे क़द के, शर्मीले लड़के से। पचास-पचपन की उम्र। जर्मनी में भारतीय पुस्तकों के प्रकाशक। अरुण कोलाटकर की *जेजुरी* और अनंतमूर्ति की *संस्कार* छाप चुके थे। निर्मल की *माया दर्पण* पर काम चल रहा था।

उस शाम क्या बातें होती रहीं, अब कुछ याद नहीं। जो याद है, वह यह कि काफ़ी रात होने के कारण रोलाँ हमारे यहाँ ही सो गए थे। मेरी स्टडी में। यह भी याद न रहता, यदि अगले दिन स्वेटर गुम न हुए होते...

वे फ़रवरी के दिन थे। हमारा ऊँची छतों वाला पुराना घर बुरी तरह ठिठुर रहा था। तिस पर चारों ओर से खुला। कोई ऐसा उपाय न था कि हम एक कमरे से निकलकर दूसरे की गर्मी में चले जाएँ। हर कमरे के बाहर गलियारा खुलता था, और गलियारे में उस मौसम में रात-दिन छह डिग्री सेंटीग्रेड तापमान रहता था...

सो, उस सुबह जब मैंने नाश्ता लगाया, तो रोलाँ बियर हाज़िर थे और निर्मल भी। रोलाँ बियर बिना स्वेटर पहने 'न ठिठुरने की सराहनीय मुद्रा' में थे, जब मेरा ध्यान उनकी तरफ़ गया।

आपने स्वेटर नहीं पहना? मैंने पूछा।

नहीं, नहीं, यहाँ ऐसी ठंड तो नहीं है। उन्होंने बमुश्किल अपने किटकिटाते दाँतों को बजने से रोकते हुए कहा।

तभी मेरा ध्यान निर्मल के स्वेटर की तरफ़ गया।

यह आपने किसका स्वेटर पहन रखा है?

क्यों?

यह आपके मेहमान का है!

इट इज़ ऑल राइट, ऑल राइट। रोलाँ कह रहे थे।

निर्मल यह भूलकर, कि वह किस कमरे में सोए थे, आदतन वहाँ गए थे, जहाँ मेरी स्टडी और उनके कपड़ों की अलमारी थी। और रोलाँ का स्वेटर, जो उनके स्वेटर जैसा ही ब्राउन रंग का था, पहनकर मज़े से आ गए थे। उनका अपना स्वेटर दूसरे कमरे में पड़ा था, जहाँ रोलाँ का कोई दख़ल नहीं था। सो, रोलाँ के लिए सब 'ऑल राइट ऑल राइट' था। जब निर्मल को घपले का पता चला, वे दौड़े गए। तुरन्त रोलाँ को उनका स्वेटर दिया। रोलाँ बार-बार मुझसे कहते रहे, *थैंक यू सो मच, थैंक यू सो मच...*

रोलाँ, अगर मैं नहीं देखती, तो आप सारी सुबह यूँ ही बैठे रहते?

नहीं, नहीं, यहाँ ऐसी ठंड तो नहीं...

रोलाँ अब भी यही कर रहे थे...

तब यह नहीं मालूम था, कि एक रोज़ यह शर्मीले से रोलाँ बियर मुझे इतनी कथाएँ सुनाएँगे। एक कॉन्फ्रेंस के सिलसिले में हम बर्लिन न गए होते, और उसके बाद रोलाँ बियर के साथ ड्राइव करते हुए ड्रेस्डन और ब्राउनश्वाइग न जाना हुआ होता, तो शायद अब भी वे कथाएँ रोलाँ बियर के पेट में पड़ी होतीं! उस यात्रा के दौरान ही वह मेरे प्रिय मित्र बने। वह जब भी कोई गाथा सुनाते, मैं इतनी विह्वल हो जाती, कि उनसे कहती, *रोलाँ, एक दिन मैं ये सब लिखूँगी। रोलाँ बियर इन बर्लिन। तुम्हें कोई एतराज़ तो नहीं?* वह झेंपते हुए गाड़ी चलाते रहते। *तुम जो चाहो, लिख सकती हो...*

सो, ये रहीं रोलाँ बियर की विचित्र कहानियाँ...

रोलाँ बियर की पहली भारत-यात्रा

यह जर्मनी के एकीकरण से पहले की बात है। रोलाँ बियर तब पूर्वी बर्लिन में थे। अन्य पूर्वी यूरोपियन देशों की तरह यहाँ भी छात्रों को हिन्दी सीखने के लिए बहुत प्रोत्साहित किया जाता था...

सो, रोलाँ बियर हिन्दी साहित्य में पगकर बड़े हुए, कुछ साल उन्होंने हम्बोल्ट विश्वविद्यालय में पढ़ाया और फिर भारतीय साहित्य को समर्पित एक सरकारी प्रकाशन गृह में काम करने लगे। यहीं रहकर उन्होंने कई पुस्तकें प्रकाशित कीं, जिनमें से एक पुस्तक संत कवि सूरदास पर भी थी। सूरदास पर प्रकाशित इस पुस्तक की उनके आने वाले जीवन में बड़ी भूमिका होनी थी...

कह सकते हैं, कि यह पुस्तक न होती, तो रोलाँ बियर अपने जीवन में न कभी स्विट्ज़रलैंड की एल्प्स पर्वत-श्रृंखला के दर्शन पा सकते थे, न एक अप्सरा के...वैसे अपने में यह बात विडम्बनापूर्ण ही कही जाएगी, क्योंकि जिन सूरदास के कारण उन्हें यह सब देखने को नसीब होने वाला था, वह तो स्वयं अपनी आँखों में प्रिया के कहने पर सुआ घोंपकर 'सूरदास' बने थे! बहरहाल...

उन दिनों पूर्वी यूरोपीय देशों के लोग मॉस्को के अतिरिक्त कहीं आ-जा नहीं सकते थे। और मॉस्को उसी दिवा-दुःस्वप्न का विस्तार था जिसमें सब साम्यवादी नागरिक स्वयं को पाते थे...मॉस्को चले जाने से न यथार्थ बदलता था, न कल्पना। सो, ऐसे समय में जब रोलाँ बियर को दिल्ली से निमंत्रण मिला—सूरदास पर हो रहे एक सेमिनार में हिस्सा लेने के लिए—तो उनके उत्साह का अनुमान सहज ही लगाया जा सकता है...

उन्होंने बड़ी ख़ुशी-ख़ुशी सब तैयारी शुरू की। यार-दोस्त सब इस अनुष्ठान में शामिल थे, कोई परदेस में काम आने वाले डॉलरों का इन्तज़ाम कर रहा था, कोई कुछ और तैयारी कि...पता चला, रोलाँ बियर का पासपोर्ट एक सरकारी दफ़्तर से रहस्यमय स्थितियों में गुम हो गया है! किसी तरह उन्होंने एक सुप्रसिद्ध लेखक की मदद से दोबारा पासपोर्ट बनवाने की प्रक्रिया अभी शुरू की ही थी, कि भारत से ख़बर आ पहुँची—सूरदास वाला सेमिनार रद्द हो गया था...

अब रोलाँ बियर, जो सामान बाँधे प्रस्थान को तैयार बैठे थे, और उनके मित्र उन्हें हवाई अड्डे पहुँचाने को—ने तय किया कि यहाँ सरकार को, और अपने दफ़्तर को बताएँगे नहीं। यह भी तो हो ही सकता था, कि वह हवाई जहाज़ पर चढ़ जाते और फिर यह ख़बर पहुँचती! सो रोलाँ बियर परिवार और मित्रों से विदा लेकर उड़ान के लिए पहुँचे।

यह उनकी पहली 'विदेश' यात्रा थी, और उन्हें हवाई अड्डे की पुलिस का कोई अनुमान न था, न ही उनके किसी मित्र ने उन्हें इस परिस्थिति का सामना करने के लिए कोई उपयोगी सुझाव लाकर दिये थे...

एक हृष्ट-पुष्ट पुलिसकर्मी ने जब उनसे साधारणतया पूछा कि उनके पास कोई ऐसी चीज़ तो नहीं, जो क़ानून की नज़र में अवांछित हो, तो रोलाँ बियर सिटपिटा गए। एक भले नागरिक की तरह उन्होंने उन एक सौ डॉलरों का ख़ुलासा किया, जो उनके मित्रों ने उनके लिए जुगाड़ किये थे...

बस, इसके बाद जो उनकी लम्बी पूछताछ हुई, कि इन सौ डॉलरों का स्रोत किस पश्चिमी देश में है, तो रोलाँ बियर को अपनी उस यात्रा के भाग्य का पूर्वाभास हो जाना चाहिए था, मगर ऐसा हुआ नहीं। सौ डॉलर ज़ब्त करवा कर, बिना एक भी फूटी कौड़ी के—रोलाँ बियर ने इस तरह भारत के लिए प्रस्थान किया—उस आयोजन के लिए, जो रद्द हो चुका था।

जिस जहाज़ में रोलाँ बियर बैठे, वह प्राग तक जाता था। वहाँ से उन्हें दिल्ली के लिए दूसरा जहाज़ पकड़ना था। अब यह भी संयोग ही रहा, कि जब जहाज़ प्राग पहुँचा, तो बर्फ़ गिरने से मौसम इतना ख़राब था, कि वहाँ उतरने के बजाय ब्लातिस्लावा जाकर उतरा, प्राग से चार-पाँच घंटे की ट्रेन दूरी पर। यात्री, जो प्रायः सभी फ़र्स्ट टाइमर थे, एयरलाइंस की इस बात में आ गए कि वे ट्रेन से प्राग पहुँचकर भी विमान पकड़ सकते हैं...आधी रात को, ख़राब मौसम में जब ये सब यात्री प्राग हवाई अड्डे पर पहुँचे, तो पता चला, उड़ान तो जा चुकी है और अब अगली उड़ान अगले सप्ताह से पहले नहीं जाएगी...

तब रात-भर हवाई अड्डे पर बैठे रहे इन यात्रियों ने सोच-विचार किया कि विरोध-प्रदर्शन किया जाए, शायद कुछ हल निकले। सो कुछ कर्मठ सहयात्रियों की बदौलत एयरलाइंस वालों ने उन सबको स्विस एयरलाइंस से

कुछ समझौता कर अगले दिन भेजना मंज़ूर किया। यह उड़ान भारत तो जाती थी, लेकिन दिल्ली नहीं, बम्बई...

रोलाँ बियर अब जेब में बिना फूटी कौड़ी के, अपने रद्द आयोजन-स्थल से भी कोई डेढ़ हज़ार किलोमीटर दूर एक पराये शहर में जाने के लिए उड़ान में बैठ चुके थे—उड़ान जो एल्प्स की पर्वत-शृंखला के ऊपर से जाती थी... स्विट्ज़रलैंड की वादियों के ऊपर से...

*वह मेरे जीवन की सर्वश्रेष्ठ उड़ान थी...*रोलाँ ने कहा। अपने मित्रों में एक वही थे, जो एल्प्स देख पा रहे थे...सूरदास की उस किताब की बदौलत, जो संयोगवश उन्होंने प्रकाशित की थी।

जैसे-जैसे बम्बई पास आता गया, रोलाँ बियर की मित्रता अपने साथ बैठे एक भारतीय यात्री से बढ़ती गई। बम्बई आने से पहले वह उसे अपनी सारी व्यथा-कथा बता चुके थे। वह भारतीय मित्र उन्हें बम्बई के पूर्वी जर्मनी कॉन्सुलेट में पहुँचा गया। आख़िर विदेश में अपने ऐसे भूले-भटके नागरिकों के लिए ही हर देश ये कॉन्सुलेट खोलकर रखता है! अधिकारियों ने उनकी बात सुनी, तो उन्हें सहानुभूति तो हुई, मगर ज़्यादा कुछ कर नहीं सकते थे। एक ने उन्हें कुछ रुपये दिये और कहा कि वह भारत में तभी रुक सकते हैं, जब अपने बूते पर जीवित रह सकते हों!

इस तरह रोलाँ दिल्ली पहुँचे, अपने आयोजकों के पास, जो उन्हें देखकर पहले हैरान और फिर शर्मिंदा हुए। उन्हीं में से एक ने उन्हें कलकत्ता की टिकट और अपने एक मित्र का पता दिया। कलकत्ता कुछ दिन वह रह लिये तो उस मित्र ने उन्हें किसी दूसरे का पता और टिकट दिया। इस तरह भारतीय मित्रों और सम्बन्धियों के चक्र में रोलाँ बियर तीन महीने बंगाल और उड़ीसा के क्षेत्रों में घूमते रहे। कभी किसी के घर में सोए, कभी किसी फैक्टरी में...

वह जीवन का मर्म जान रहे थे और भारतीय कला का। (बर्लिन में उनसे बात होती तो मैं उनके ज्ञान पर हैरान रह जाती। किसी विषय पर भी बात कर लीजिए—साहित्य, कला, फ़िल्म, संगीत—रोलाँ के पास अद्भुत अन्तर्दृष्टियाँ मिलतीं, जिन्हें उनकी वह घबराई-सी बारीक आवाज़ अविस्मरणीय बनाती...)

यहीं मैंने उसे देखा—उस भारतीय अप्सरा को...वह जैसे कोणार्क के किसी शिल्प में से निकलकर आई थी। बीस साल की सुकन्या...उड़ीसा के एक गाँव में। मैं उनके घर में मेहमान था। सारा परिवार भीतर सोता था, मैं बाहर गली में...

पहली बार रोलाँ बियर सितारों के नीचे सो रहे थे। गली के वीराने में। एक नि:शब्द प्रेम अपने दिल में लिये, जो उन्हें उस सुकन्या से हो गया था।

वह मुझे अपने हाथों से खिलाती थी...

फिर?

*कुछ नहीं। वह एक अप्सरा थी और मैंने किताब में पढ़ा था, कि अप्सराएँ और भारतीय स्त्रियाँ छूने के लिए नहीं होतीं...*फिर वह एक क्षण ठिठके, मुझे समझाने के लिए बोले—*जैसे तुम्हारे भिक्षु...*

इस तरह रोलाँ बियर घर लौट आए। एक मूक प्रेम और तीन महीने के पहले विदेश-प्रवास के बाद। सन् 1987 में।

रोलाँ बियर और प्रेम

जिस भली स्त्री मेरी से हम बर्लिन में मिले, वह रोलाँ बियर की दूसरी पत्नी थीं। वह वैज्ञानिक थीं और त्वचा उगाने वाली एक प्रयोगशाला में काम करती थीं...जले हुए मरीज़ों की त्वचा में से थोड़ा-सा स्वस्थ टुकड़ा काटकर लैब में उगाया जाता था, प्रत्यारोपण के लिए। ज़रा से टुकड़े से कई मीटर लम्बी त्वचा उग आती थी...

क्या वहाँ जा सकते हैं? मैंने रोलाँ बियर से पूछा।

नहीं। वहाँ अत्यन्त स्टरलाइज़्ड परिस्थितियों में काम किया जाता है। वैज्ञानिकों को भी कपड़े-जूते बदलकर जाना होता है...

मेरी से रोलाँ की मुलाक़ात तब हुई, जब वे अपने जीवन के अत्यन्त विचित्र दौर में से गुज़र रहे थे। वह अपनी पहली पत्नी की देखभाल कर रहे थे जो छह महीने की गर्भवती थी। होने वाले बच्चे के पिता रोलाँ नहीं, उनका सबसे प्रिय मित्र था...कोई भी बात रोलाँ से छिपाई नहीं गई थी, उन्हें सब पहले क्षण से मालूम था। रोलाँ की पत्नी का उनके इस घनिष्ठ मित्र से ऐसा गहन प्रेम हुआ था कि वह सब छोड़कर बैठ गईं...

मेरी तीन गर्ल फ्रेंड्स का मेरे उसी मित्र से प्रेम हुआ...

रोलाँ ने बताया तो मुझे काफ़ी हैरानी हुई। यह कैसा मित्र है?

ओह, लेकिन वह है ही बहुत विशिष्ट। मैं उसे देखता हूँ, तो जान लेता हूँ, उसके पास ऐसा क्या है जो मेरे पास नहीं...

फिर?

जब पहले-पहल मेरी पत्नी का उससे प्रेम हुआ तो वह इतना उद्विग्न हुआ, कि शहर छोड़कर चला गया। दस साल वह हमसे दूर रहा। वह हमारे जीवन में बाधा नहीं बनना चाहता था। दस साल बाद एक दिन वह हमारे घर आया और मेरी पत्नी ने दस सेकेंड में यह निर्णय ले लिया कि वह उसे ही अपने पति के रूप में चाहती है, मुझे नहीं...उनके बीच सम्बन्ध हुआ, वह गर्भवती हो गई, लेकिन वह तब भी विवाह से इनकार करता रहा...

फिर?

मैं क्या कर सकता था? मैं सिर्फ़ उसे पीड़ा में देख सकता था...या उसकी सेवा कर सकता था...उन्हीं दिनों मेरी से मेरी मुलाक़ात हुई।

फिर?

मैंने उसे सब बताया। मेरी पत्नी ने बच्चे को जन्म दिया। मेरा मित्र बच्चे को देखने तक नहीं आया। तीन महीने बाद उसने विचार बदला, मेरी पत्नी से विवाह करने के लिए हाँ की...

अब वह ख़ुश है?

पता नहीं...वह विज्ञान में पीएच.डी. थी। बच्चों के कारण उसका कैरियर बीच में छूट गया। इस कारण वह बहुत कटु हो गई है।

और तुम्हारा जीवन?

शान्त और सादा है। पहली पत्नी के साथ मेरा सम्बन्ध बहुत उत्कट, आवेगमय था। उसमें बहुत ऊँच-नीच थी। मेरी के साथ सब समतल है। हम दोनों महान प्रेमी तो नहीं, लेकिन दिनचर्या के लिए यह ठीक ही है...

फिर रोलाँ बियर एक़ और प्रसंग बताते हैं। कोमल। उनके जीवन में प्रेम की तीन अद्भुत रातें। उन्हीं की छात्रा थी वह। विवाहित।

वह मेरे जीवन में प्रेम के सर्वश्रेष्ठ क्षण थे, लेकिन मुझे मालूम था, हमें अपने-अपने परिवारों में लौट जाना है...

और तुम्हारी पत्नी?

ऐसा उत्कट प्रेम हो, तो छिप नहीं सकता...मेरी को सब मालूम था, लेकिन वह चुप देखती रही। बहुत समझदार औरत है वह।

रोलाँ बियर और एक अन्धी औरत

रोलाँ बियर तब बाईस के थे, वह अन्धी औरत पैंतालीस की।

बर्लिन के एक कैफ़े की बात है। रोलाँ की आवाज़ उन दिनों भी ऐसी ही थी—कमज़ोर, ज़नाना, कोमल। कैफ़े भरा होने के कारण वह संयोगवश उसी मेज़ पर जा बैठे, जहाँ वह स्त्री बैठी थी।

बात होने लगी। पता नहीं, कैसे उस स्त्री ने समझा, वह एक लड़की हैं और ज्यों-ज्यों बात आगे बढ़ने लगी, रोलाँ के लिए इस ग़लतफ़हमी को ठीक करना मुश्किल होता गया। कुछ ऐसे कि कुछ समय बाद रोलाँ लड़की बनकर ही बातें करने लगे...

लड़के तुम्हें ज़्यादा तंग तो नहीं करते? उसने पूछा। *करते हैं।* रोलाँ ने कहा। *हमेशा कुछ न कुछ करके फँसाने की बात करते हैं।* वह कहती है—*तुम सतर्क रहना सीखो। ये पुरुष लोग कभी-कभी बड़े ख़तरनाक और हिंसक हो सकते हैं।* फिर उसने अपना एक दुखद प्रसंग सुनाया...

जैसे-जैसे खेल खिंचता है, रोलाँ को अपने पर गहरी ग्लानि होती है। वह बात अधबीच में छोड़कर जाना चाहते हैं। *तुमसे उस स्त्री ने तुम्हारा नाम नहीं पूछा?* मैं जिज्ञासा करती हूँ।

नहीं, पूछ लेती, तो शुरू से ही यह गड़बड़ न होती।

फिर?

मैं आने लगा, तो वह बोली, अगर मैं कभी उससे मिलना चाहूँ, तो यहीं आ 'सकती' हूँ, इसी कैफ़े में। वह इसी मेज़ पर बैठती है...

रोलाँ कहते हैं, वे फिर कभी उस कैफ़े की तरफ़ नहीं जा पाए...

मैं पूछती हूँ, तुम्हारी कितनी उम्र थी उस समय?

बाईस। और मैं बहुत शर्मीला था, एकदम अनछुआ...

सो रोलाँ, क्या तुम उन सब बातों की कल्पना कर रहे थे, जो तुम्हारे ख़याल से तुम्हारी उम्र के 'स्मार्ट' लड़के लड़कियों के साथ करते होंगे? और तुम क्योंकि शर्मीले थे, तुम्हें लगता था, लड़कियों को ऐसे आक्रामक रवैये से बहुत कष्ट पहुँचता होगा?

वह काफ़ी देर चुप रहते हैं।

शायद जो तुम कह रही हो, वह सच है। मैंने इससे पहले इस बारे में कभी ऐसे सोचा नहीं था...

तुम्हारा कभी मन नहीं हुआ, कि तुम कभी उस अन्धी औरत के बारे में लिखो—कि वह एक युवा होती लड़की से क्या कहना चाहती थी?

अगर मेरे साथ तुम्हारे जैसी स्त्री होती, तो मैं अपनी सब कथाएँ लिखता...

रोलाँ बियर इन बर्लिन। एक दिन मैं तुम्हारी सब कहानियाँ लिखूँगी। तुम्हें कोई एतराज़ तो नहीं? वह हँसने लगे। वही शर्मीली, लड़कियों वाली हँसी, जो इस उम्र तक उनके साथ चली आई है।

रोलाँ बियर के एक मित्र दम्पती

रोलाँ के ये दोनों मित्र वैज्ञानिक थे। बहुत मेहनती, विद्वान। लेकिन पुरुष बहुत अहंकारी था। दोनों अपने काम को ऐसे समर्पित थे कि घर आकर फिर स्टडी में।

यह पूर्वी जर्मनी की बात है। दो कमरों का छोटा-सा फ़्लैट, दोनों में स्टडी, उनके इकलौते बच्चे के लिए खेलने की जगह वहाँ कहीं नहीं थी। सो, वे दोनों अपना-अपना काम करते रहते, और बच्चे को हिदायत थी कि वह शोर न मचाए, एक कोने में चुपचाप बैठा रहे। वे उसे बाहर दूसरे बच्चों के साथ खेलने भी न जाने देते, कि उसे चोट लग जाएगी...

इस तरह यह बच्चा बड़ा हुआ, कोने में अकेला बैठा हुआ, चुप। उसके बचपन के सब वर्ष इसी तरह निकल गए। बड़ा हुआ, तो ड्रग-एडिक्ट बन गया, नशाख़ोर। और चोर...

इन्हीं वर्षों में, जब बच्चे को एक कोने में चुपचाप बैठे रहने को कहा गया है, पति-पत्नी तलाक़ लेने का निर्णय करते हैं। पति को एक दूसरी औरत मिल गई है। तलाक़ के बाद भी वे दोनों उसी घर में वर्षों एक साथ रहते हैं, क्योंकि उन्हें डर है, समाज को पता चलेगा, तो वह क्या कहेगा? उनके बीच तलाक़ हो गया था, यह किसी को पता भी न चलता, यदि एक दुर्घटना न हो गई होती तो...

हुआ यह कि पुरुष अपनी दूसरी स्त्री के पास गया हुआ था। पत्नी घर में थी। नींद की गोलियों की आदत हो गई थी उसे। उस रात उसे पता नहीं चला कि वह ज़्यादा गोलियाँ खा गई है। कुछ दिनों बाद वह फ़्लैट में नींद में ही मरी पाई गई...पुरुष अपनी चाभियाँ ले जाना भूल गया था। लौटा, तो पुलिस उसे घर के भीतर न जाने दे। केवल पुलिस को मालूम था, भीतर एक स्त्री का शव है। *कोई प्रमाण-पत्र दिखाइए, कि आप उस स्त्री के सम्बन्धी हैं।* उसके पास ऐसा कोई प्रमाण नहीं था।

फिर?

वह वहाँ से कुछ नहीं ले जा पाया। न कोई काग़ज़, न कपड़ा...जब तक वह जीवित थी, दोनों झूठ जीते रहे।

किसलिए? क्या इसलिए?

और वह बच्चा? वह नशेड़ी न बनता, तो क्या बनता? इतनी दवाएँ, नशे को सह जाने की यह क्षमता तो उसे माँ से ही मिल गई होगी? एक बार वह चाभियाँ गँवाकर (पिता की तरह?) वहीं सड़क पर बैठे-बैठे सो गया। रोलाँ गुज़र रहे थे, तो उन्होंने उसे देखा। बर्फ़ में जमा हुआ युवा लड़का।

एक मृत मित्र का बेटा। पता नहीं उसे देखकर रोलाँ को किसकी याद आई होगी? उसकी माँ की? उसके पिता की? पूर्वी जर्मनी की? उसके सन्नाटे-भरे बचपन की?

रोलाँ उसे उठाकर घर न ले आए होते तो वह जीवित न बचता...

वह बिलकुल हमारे बेटे जैसा है। पिछली बार आया था, तो उसके साथ एक लड़की थी। बड़ी भली, उसका बहुत ख़याल रखने वाली। वह बड़ा ख़ुश दिखाई देता था। हमें बड़ी ख़ुशी हुई कि आख़िर उसे कोई मिल गया है...

क्या वे दोनों अब भी साथ हैं? मैंने पूछा, तो रोलाँ के चेहरे पर छाया-सी उतर आई।

मैं प्रार्थना तो यही करता हूँ।

पश्चिमी समाज का अकेलापन, असुरक्षा। एक बार ठेस लगी, कि सब बिखरने लगता है...फिर आदमी कहीं बीच में नहीं रुक पाता। जब तक कि पूरी तरह बिखर न जाए, थक न जाए...

रोलाँ बियर और हम

हम ब्राउनश्वाइग पहुँचे—निर्मल अपनी जर्मन किताब के प्रमोशन टूर पर और मैं ब्राउनश्वाइग सिटी काउंसिल के न्योते पर—तो सबसे पहले अपनी मेज़बान के यहाँ पहुँचे।

वह ब्राउनश्वाइग से कुछ दूर एक गाँव में रहती थीं। अस्सी के दशक में वह भारत में रही थीं। उनके पति ऊटी में सेना ट्रेनिंग ले रहे थे...भारत और जर्मनी के बीच कोई सेना-समझौता है, मुझे नहीं मालूम था। भारत से वे दोनों थल के रास्ते जर्मनी लौटे, छह सप्ताह में। सब जगह घूमते-घामते। *अब आपके पति कहाँ हैं?* मैंने पूछा। *यहाँ आते ही हमारा तलाक़ हो गया...*वह चुप हो जाती हैं। हम दूसरी बातें करने लगते हैं।

उनका सारा घर भारतीय चीज़ों से भरा था। एक अलमारी पर तानपूरा तक रखा था! उनका वह फ़ार्महाउस सन् 1812 में बना था। लकड़ी की दीवारें। आँगन में कच्चा फ़र्श। हमारे देश की किसी हवेली की याद दिलाता।

खाने की मेज़ पर वह बराबर अपने काम के, भारत में बीते अपने जीवन के बारे में बातें करती रहती हैं...वह मंदबुद्धि बच्चों के साथ काम करती हैं, जिनकी माँएँ गर्भावस्था के दौरान नशा करती थीं, सिगरेट पीती थीं। कई बच्चे ऐसे हैं, जिन्हें प्रसव के दौरान सिर पर चोट लगी और उनका सारा संवेदन-तंत्र गड़बड़ा गया...ऐसे बच्चे छुअन के प्रति अतिसंवेदनशील हो जाते हैं। उनके पैर इतने सेंसिटिव हो जाते हैं कि वे कभी चल नहीं पाते...न ही वे एक जगह कभी बैठ पाते हैं। बाहर का सारा संसार जैसे उन पर आघात करता है...आवाज़ें, गंध। इन बच्चों के माता-पिता के साथ भी उन्हें सप्ताह

में एक बार बैठना होता है, ताकि इनकी विशिष्ट समस्याओं को समझाया जा सके...

वह बताती जाती हैं, हम सुनते जाते हैं। वह अपनी बातों में इतना डूबी हैं, कि उन्हें यह भी याद नहीं, कि हमें कुछ और चाहिए होगा। ब्रेड, चीज़, कोल्ड मीट—सब हमारे आगे पड़ा है, लेकिन बिना कहे उठाए कौन, निर्मल रोलाँ की ओर इशारा करते हैं। वह बहुत भूखे हैं, चेहरे से ही दिख रहा है। आख़िर निर्मल चीज़ की प्लेट उठाकर रोलाँ की ओर खिसकाते हैं। वह महिला तब भी नहीं कहतीं कि आप कुछ खाइए। सौभाग्यवश इसी बीच फ़ोन की घंटी बजती है और उन्हें दूसरे कमरे में जाना पड़ता है। हम तीनों जल्दी-जल्दी कुछ खाते हैं। *रोलाँ, तुम तो आज भूखे मर गए होते!* निर्मल कहते हैं।

मैं हँस रही हूँ। रोलाँ लाल हुए जा रहे हैं...

शाम को हम ब्राउनश्वाइग के मुख्य स्क्वायर में आ गए। इस शहर का वार्षिक उत्सव चल रहा है। पूरे वीक-एंड से बियर पीने वालों की होड़ लगी है। एक तरफ़ सुनहरे बालों वाली एक सुन्दर लड़की बैली-डांस कर रही है। फिरोज़ी रंग की पंख लगी चोली, नीचे धोतीनुमा लहँगा। उसके उघड़े पेट की एक-एक मांसपेशी अलग-अलग देखी जा सकती है...

आकाश में बादल छाए हैं, तेज़ हवा चल रही है, उस लड़की ने नाम-मात्र के वस्त्र पहन रखे हैं। लेकिन उत्सव का उन्माद ऐसा है कि ठंड का नामोनिशान नहीं। सारी गली क़िस्म-क़िस्म के संगीत से गूँज रही है। हम भी जगह-जगह तमाशे के लिए ठहरते हुए बढ़े जा रहे हैं।

अचानक हमारी होस्टेस मेरे गले में लाकर कुछ डाल देती हैं। दिल की आकृति वाला केक है, हार जैसा पिरोया हुआ। ऐसा क्यों? मैं उनसे जानना चाहती हूँ। *यह दीवार पर टाँगने के लिए है। बुरे दिनों में खाने के लिए*...क्या लोग सचमुच खाते हैं? *रिवाज बना है। खाना चाहो तो खा सकते हो। यह इस तरीक़े से बना है कि जल्दी ख़राब नहीं होता। फ़सलों की देवी को धन्यवाद देने के लिए बनाते हैं इसे...*

मैं हँसे जा रही हूँ और चलती जा रही हूँ। बहुत अर्से बाद मैं ये दोनों काम एक साथ कर रही हूँ।

एक बर्कनस्टॉक जूतों की दुकान के बाहर हम खड़े थे। वहाँ स्कॉटिश किल्न पहने एक आदमी सांता क्लॉज़ बना खड़ा है। वह हमारे साथ फ़ोटो खिंचवाना चाहता है। हम सब उसके जूतों की क़तार के पीछे मुस्कराते खड़े हो जाते हैं—निर्मल, सांता, गले में केक लटकाए मैं, रोलाँ...लेकिन कैमरा है कि क्लिक नहीं करता। फ़िल्म ख़त्म हो गई।

हम कल आएँगे, कहकर जाने लगती हूँ, तो सांता मेरा हाथ पकड़ लेता है। वह बहुत उत्तेजित स्वर में मुझे कुछ बता रहा है। उसके मुँह से एक के बाद एक शब्द बाहर आ रहे हैं। वह कभी दुकान की तरफ़ इशारा करता है, कभी अपनी तरफ़। मेरे साथी आगे निकल गए हैं। किसी को नहीं मालूम, वह मुझसे क्या कह रहा है।

आप एक मिनट रुकिए।

मैं दौड़ी जाती हूँ। रोलाँ को बुला लाती हूँ। मुझे ज़रा अनुवाद करके बताओ, यह क्या कह रहे हैं? *यह कह रहे हैं—इनके बच्चे और पत्नी ऑस्ट्रेलिया में हैं। कि यह इस दुकान के मालिक हैं...*

एक बूढ़ा आदमी एक विदेशी महिला को अपनी जीवन-गाथा सुना रहा है। उत्सव के शोर में। कुछ मिनटों में। क्यों?

क्या इस सारे उल्लास ने उसे बहुत अकेला कर दिया है? मैं आने से पहले उनसे काफ़ी देर तक हाथ मिलाती हूँ। कहती हूँ, कल आपके साथ आकर ज़रूर फ़ोटो लूँगी। वह अपनी टोपी की ओर इशारा करता है, स्कर्ट की ओर। कल यह सांता क्लॉज़ वाली दाढ़ी-टोपी नहीं रहेगी। मैं एक बार फिर उसका हाथ सहलाती हूँ...जानती हूँ, मेरे शब्द उसके लिए उतने ही अर्थहीन हैं, जितने उसके शब्द मेरे लिए। लेकिन इस बार वह शान्त दिखाई देता है। दिलासे में।

इतनी भीड़ में उसे कोई एक मिला, जिसे उसने बताया कि उसकी पत्नी, उसके बच्चे बहुत दूर रहते हैं, ऑस्ट्रेलिया में। और उसकी यह दुकान है। वह मुझे बताता है, जैसे स्वयं को सुना रहा हो। जैसे यह दुकान ही उसे ऑस्ट्रेलिया

से दूर रखे हुए है...जैसे यह दुकान ही उसका परिवार है...जैसे यह दुकान नहीं, एक प्रति-संसार है, ऑस्ट्रेलिया का प्रति-संसार...उसने इस संसार को चुना है, जैसे उसके परिवार ने ऑस्ट्रेलिया को...

किल्ट पहने हुए एक बूढ़ा आदमी, जिसके साथ मैं भी एक फ़ोटो लेना चाहती थी...

मैं—हृदयाकार एक केक गले में पहने। वह—अपने बर्कनस्टॉक जूतों की क़तार के सामने।

और हमारी मेज़बान एक तसवीर खींचती हुई, जो कभी नहीं आनी थी...

पेरिस से लौटते हुए, 1997

यह अनाथ होने के दिन हैं...

बस कहीं जो वह आवाज़ होती, ये दिन बदल जाते। वह आवाज़ ढूँढ़ने निकल पड़ती है। और पहले से भी अधिक अनाथ होकर लौटती है...

यह मर्सेबर्ग स्त्रासा है। बर्लिन की शाम। साढ़े सात बजे। तीखी, ठंडी हवा है। हवा उसे चीर रही है या वह हवा को, कुछ कहा नहीं जा सकता।

वह अपने आँसुओं में चलती है। यह दूसरा देश है, दूसरे आँसू। उन आँसुओं से अलग जो अभी फ़ोन-बूथ में आए थे।

वह अपने आँसुओं पर चलती है।

cs

कैसे ये दिन हैं। मोम की गुड़िया के।

पोशाकें उसकी देह से यूँ चिपकती हैं, जैसे आकांक्षा।

वह अपना मुख देखती है। दर्पण उसे अच्छा लगता है...

फिर वह बाहर सड़क पर निकल आती है। अकेली। चलती है, तो वही जगह दुखती है। दिल के पास।

वह सिर झुकाए चलती जाती है। क्या अभी तक स्राव हो रहा है? गहरा सुर्ख़ लाल। बिलकुल उनके वस्त्रों जैसा...

ଓ

वह हँस रही है। कैमरा के सामने। तसवीर उतारी जा रही है। अचानक उसका हाथ बाईं तरफ़ जाता है। ख़ाली गड्ढा उसी तरह है...वह बहुत जीवित है इन दिनों। बहुत मृत।

पता नहीं, कौन-सी होना अधिक मुश्किल है?

ଓ

वे दोनों सहेलियाँ 'योगीहाउस' रेस्तराँ में बैठी हैं। फ़िल्म देखकर लौटी हैं। एक का चेहरा भीगा हुआ है—जैसे पानी की बोतल फट गई हो!

मालूम है, आठ साल पहले हमें न जीने से डर लगता था, न मरने से। अब दोनों से लगता है...

ଓ

वह उन्हें फिर देखती है। स्वप्न में। एक बस में। *आपने बाल कटवाए हैं?* उनसे पूछती है। वह हँसकर दूसरी ओर देखने लगते हैं। *यह बिलकुल नया स्टाइल है। पहले तो यह नहीं था...*

जाग खुल जाती है। पहले कब? उनके बाल तो उसने कभी देखे ही नहीं।

आँखें फिर मुँद रही हैं। बहुत दूर का सफ़र है। भीड़-भरी बस में उनके पास ही वह खड़ी है। उसका मुँह बिलकुल उनके कंधे में गड़ गया है, बस के साथ-साथ हिचकोले खाता। ठंड सपने के भीतर है कि बाहर, पता नहीं। बस चली जा रही है। वह धीरे-से अपना वस्त्र उसे ओढ़ा देते हैं। वह और निकट चली जाती है। उनकी गर्दन के नीचे। उनकी त्वचा की गरमाई के घेरे में...ख़ूब लम्बे हैं वह। या शायद उसे लगते हैं। वह वस्त्र के भीतर से ही उन्हें छूती है। रीढ़ पर। सब गिनी जा सकती हैं हड्डियाँ एक-एक...

वह उठ बैठी है। अपने हाथ देखती है और रोने लगती है। जिसका कभी हाथ तक नहीं छुआ, उसकी देह के लिए ऐसी याचना!

ꙮ

वह देश लौट रही है। हवाई जहाज़ के चलते ही सीने से बँधी सब पट्टियाँ उतर रही हैं। घाव उसी तरह है। और स्राव भी। वह कहाँ जाए? कहाँ से न लौटे?

वह उसका देश हैं, और वह उनकी निर्वासित।

वह दिल्ली लौटती है कि इस निर्वासन में रह सके।

ꙮ

इस बार कितने गिरजे देखे, कितने कैथेड्रल? पहले जर्मनी में—ड्रेस्डन, ब्राउनश्वाइग और बर्लिन के रास्ते में। फिर पेरिस में—नार्त्रे देम, साँ सल्पीस, साँ जर्मेन पेरे।

ड्रेस्डन का कैथेड्रल। अजीब लगा कि ऑगस्टस तीसरे वहाँ दफ़न हैं। और उनका हृदय, उसी गिरजे में एक मर्तबान में अलग से दफ़न है...

ऐसा क्यों? मैंने रोलाँ बियर से पूछा। *क्योंकि मनुष्य की सारी देह में दिल ही सबसे मूल्यवान अंग है। दिव्य का स्थान...*

बाद में पेरिस में पेर लाशेस की क़ब्रगाह में टहलते हुए मैंने पाया, कि वहाँ प्रसिद्ध संगीतकार शोपां दफ़न तो हैं, मगर दिल उनका पोलैंड के किसी क़ब्रिस्तान में दफ़न है, उनकी मातृभूमि की मिट्टी में। कहते हैं, जब पश्चिम से हवा आती है, तो उनका दिल बहुत ख़ुश होता है...

क्या मरने के बाद शरीर में से दिल को निकालते होंगे? मैं किसी से पूछना चाहती हूँ, फिर चुप हो जाती हूँ। मरने के बाद ही तो! जीते जी निकालते होते, तो माया लोगों जैसे नहीं हो जाते?

ꙮ

एक सुबह हम साँ सल्पीस गए। मैं और क्लाउडिया। स्विस लड़की, एलेन सिक्सू की शोध-छात्रा। क्लैरिस लिस्पेक्टर पर पीएच.डी. कर रही है। एलेन के कहने पर मुझे पेरिस घुमा रही है...

गिरजे में कई ईसाई संतों की नुक्कड़ें बनी थीं। जैसे हमारे यहाँ एक ही मन्दिर में कई देवालय होते हैं, वैसी। एक एकान्त देवालय में मैंने भी मोमबत्ती जलाकर कुछ देर प्रार्थना की। 20 सितम्बर। कनु का जन्म-दिन।

संतों की जीवन-झाँकियों के कई दिलचस्प दृश्य थे। देखते-देखते हम एक देवालय के आगे रुकीं। यह सबसे सूना था। *चैपल ऑफ़ कैरमल सिस्टर्स।* ईसाइयों में सबसे रूढ़ सम्प्रदाय माना जाता है कार्मेलाइट सिस्टर्स का। एक बार व्रत ले लो, तो फिर जीवन-भर उन दीवारों से बाहर नहीं आ सकते। कितना ही रोओ, सिर पटको, जिसे छोड़कर तुम वहाँ आए, वहाँ से वापस नहीं जाने देते वे लोग...कार्मेलाइट सिस्टर्स बाहर नहीं निकलतीं। वे अपने किसी परिवारजन से, स्त्री हो चाहे पुरुष, नहीं मिल सकतीं। झरोखे में खड़े होकर भी नहीं। दूसरी नन्स की निगरानी में भी नहीं। शेष दुनिया का रूप, वाणी सब वर्जित हो जाता है जीसस की इन दुल्हनों के लिए...इन नन्स को कहते भी यही हैं—*वाइव्ज़ ऑफ़ क्राइस्ट।*

वहाँ कार्मेलाइट प्रतिज्ञा का काग़ज़ पड़ा था। मैंने उठा लिया। कुछ देर मैं सकते में खड़ी रही। वह स्त्री—जो कार्मेलाइट सिस्टर्स के संघ में जाती होगी—कैसी होती होगी?

इसी पेरिस की भड़कीली दुनिया में से वह पहला पैर बाहर निकालती होगी? यह संघ अभी तक चल रहा है, तो यहाँ की युवा लड़कियाँ उसमें जाती ही होंगी?

एक अकेली स्त्री, जिसे समाज की कोई चीज़ अब लुभा नहीं रही। शायद वह झिझकती होगी? एक बार रुककर वापस देखती होगी, क्या पता अभी भी वहाँ कुछ हो, जिसकी ओर लौटा जा सकता हो? शायद कुछ देर, कुछ महीने वह वैसे ही खड़ी रहती होगी? कान लगाकर कोई आहट सुनती हुई? कहीं कुछ सुनाई नहीं पड़ता होगा। केवल अपने अराजक हृदय की धक्-धक्-धक्।

एक स्त्री को कार्मेलाइट नन बनने में कितना पीड़ाजनक समय लगता होगा?

एक दिन वह किनारे पर न रहकर सीधे छलाँग लगा देती होगी। और जब उसकी देह फूलकर ऊपर आती होगी, लोग कहते होंगे—*जीसस की दुल्हन!*

मैं काफ़ी देर चुप खड़ी रहती हूँ। फिर क्लाउडिया कहती है, *मैं एक कार्मेलाइट नन के बारे में जानती हूँ। मेरा एक रूम-मेट था, उसकी गर्लफ्रेंड थी। वह उससे कहती थी, तुम मेरे साथ विवाह नहीं करोगे, तो मैं कार्मेलाइट नन बन जाऊँगी...बेचारी। उसे कार्मेलाइट नन बनना पड़ा! उसे या तो मेरा रूम-मेट चाहिए था, या कोई नहीं।* क्लाउडिया हँसती है। एक सुन्दर युवा लड़की की उपहास-भरी हँसी।

मैं उसे देखती हूँ। अभी यह बहुत छोटी है।

हो सकता है, वह उस आदमी से बहुत प्रेम करती हो? मैं कहती हूँ। फिर कुछ सोचती हुई मेरी आवाज़ धीमी हो जाती है—*और शायद ईश्वर से भी, उतना ही...*

क्लाउडिया गम्भीर हो जाती है। खिसियाई-सी माफ़ी माँगती है—*मुझे उसके बारे में मज़ाक़ नहीं करना चाहिए था...*

मैं कुछ नहीं कहती। सिर्फ़ उसके रूम-मेट की गर्लफ्रेंड की कल्पना करने की कोशिश करती हूँ। दीवारों के पीछे—इसी पेरिस शहर में कहीं—इस समय क्या कर रही होगी वह?

क्या मैं कभी कार्मेलाइट नन हो सकती हूँ?

बाहर आती हूँ तो मेरे हाथ में उनकी प्रतिज्ञा वाला काग़ज़ काँप रहा है। कभी इसे ध्यान से पढ़ूँगी। अकेले में...

जर्मन गिरजाघर इतालवी और फ्रांसीसी गिरजाघरों से कितने भिन्न हैं। जर्मन गिरजों में ईसा बीच हवा में लटके हुए मिलते हैं। सूली से बँधे हुए। *सूली ऊपर सेज पिया की?* क्रॉस दीवारों से अदृश्य तारों द्वारा बँधा रहता है। गिरजे के भीतर पहुँचते ही दिल धक् से रह जाता है। एक विशालकाय घायल पक्षी की तरह ईसा झूलते मिलते हैं, जैसे अभी-अभी उन्हें वहाँ लटकाया गया हो। *हे परम पिता, अब और नहीं सहा जाता!* इस तरह उन्हें लटकते हुए न देखें, तो कभी उनकी इस अन्तिम कातर पुकार का मर्म समझ में नहीं आ सकता...

शायद किसी दिन मैं स्पेन के गिरजे देखने जाऊँगी और मुझे *पैशन ऑफ़ क्राइस्ट* कुछ ठीक से समझ में आएगा...क्राइस्ट का उद्वेग? स्वयं को होम कर देने का पागलपन? सारी स्पेनी मध्यकालीन कला ईसा की शहादत से रँगी है। उनका संगीत, उनके चित्र। हर 'गर्म ख़ून' संस्कृति की तह में कितना रक्त बहता मिलता है...

चाहती तो इस बार ही स्पेन जा सकती थी। फ़ेबियान ने कहा भी था कि बार्सेलोना और मेड्रिड में उसके संगीतकार मित्रों के यहाँ ठहर सकती हूँ...पेरिस से सिर्फ़ एक सौ डॉलर का वापसी टिकट था। सात देशों वाला वीज़ा पहले से था ही। एक बार लालच भी हुआ, फिर रुक गई। इस बार तो पेरिस ने ही आकंठ भर दिया है। इस हालत में अब कहीं भी जाने पर केवल पेरिस ही दिखेगा...

कभी-कभी यह भी लगता है, जैसे ये सब यात्राएँ एक दिन स्पेन जाने के लिए ही हैं। हारवर्ड में जो थोड़ी-सी स्पेनिश सीखी थी, इसीलिए...

और मिस्र?

स्पेन के साथ मिस्र की यात्रा ख़ूब बैठेगी...

ᨀ

बर्लिन का बोडे म्यूज़ियम और पेरिस के लूव्र का मिस्र-कला विभाग। वहाँ केवल कई स्थानों से मिलीं, हज़ारों साल पहले दफ़नाई गईं मिस्री राज-परिवारों की ममियाँ ही नहीं थीं, मृत्यु से दो क़दम आगे होकर मिलने वाली इस सभ्यता के बारे में हर तरह की जानकारी भी थी।

लेप लगाने की विधि, जंगली पेपेरस की घास—जिस पर प्राचीन नुस्ख़े लिखे हुए पाए गए थे...मरणोपरान्त मनुष्य को मिलने आते देवताओं की जमात, मृतक के एक-एक सीढ़ी ऊपर, मृत्यु के संसार में जाने के पड़ाव... हर जगह उसका मूल्यांकन, हर जगह नई तरह के देवता...प्रवेश-द्वार पर ही भाग्य-निर्णय...एक पड़ाव में मृतक खड़ा है और देवी तराज़ू में उसका हृदय तौल रही है। मृत्यु-देवी की इस तराजू पर वह पुण्यात्मा होगा तो दिल भारी निकलेगा, पापात्मा होगा तो हल्का...

यह याद करके रोमांच-सा हो आया कि मैंने अपने जीवन की पहली ममी टोरंटो के नेशनल म्यूज़ियम में देखी थी, 1990 में! उस ममी के पैरों के नाख़ून अभी भी देखे जा सकते थे, शव-रक्षक लेप के नीचे, तीन हज़ार वर्ष बाद भी। दोनों टाँगों को जोड़कर कसकर पट्टी बाँधी गई थी। हमारे यहाँ नवजात की टाँगें सीधी करने के लिए कसकर बाँधते हैं, वहाँ अनंत समय तक शव को सीधे रखने के लिए...

प्राचीन मिस्र के लोग काफ़ी ठिंगने होते होंगे। सभी ताबूत इतने छोटे थे, जैसे किशोरों के शव हों, जबकि थे वे राजाओं या पुरोहितों के! और ताबूत भी कैसे सुन्दर। भिन्न-भिन्न प्रकार की झाँकियों से अंकित। बाहर शव की तसवीर—कि आकाश से नीचे देखते देवताओं को पता चल जाए, वह यहाँ है...और भीतर—एक शव के प्राइवेट दुनिया के मनोरंजन। देव-कथाओं का अद्‌भुत संसार...

ताबूतों, क़ब्रगाहों, ममियों को देखकर हमेशा लगता है, मृतक कहीं गया नहीं। वह अभी भी *यहाँ है*...पेर लाशेस में अपोलिनेयर, प्रूस्त, पॉल एलुआ, मोदग्लियानी, ऑस्कर वाइल्ड आदि की क़ब्रों के बीच घूमते हुए मुझे सहसा हिन्दू और बौद्ध धर्म के बारे में एक सत्य समझ में आया। ईसाइयों को क़ब्रों की ज़रूरत इसलिए है कि वे पुनर्जन्म में विश्वास नहीं करते। उनका पुनर्जन्म प्रलय के दिन ही होगा, जब मुर्दे अपनी क़ब्रों से उठेंगे...उनके अच्छे-बुरे कर्मों का हिसाब भी तभी होगा, लास्ट जजमेंट के रोज़। शायद इसीलिए हर मुर्दा आदमी, जब तक उसका हिसाब स्थगित है, पाक दामन है। और इसीलिए उसे क़यामत के रोज़ से पहले क़ब्र से बेदख़ल करना घोर कुफ़्र।

सो, प्रियजन उनकी क़ब्र पर प्रार्थना करने जाते हैं। उन्हें परिवार के दुखड़े सुनाते हैं। उनके लिए फूल, सिक्के, मोमबत्तियाँ, कोई भी ऐसी चीज़ जिससे उन्हें लगे, मृतक प्रसन्न होगा—छोड़ जाते हैं...मैंने वहाँ एक क़ब्र पर मेट्रो का नया टिकट तक देखा! और क्लाउडिया को हैरानी हुई, मेट्रो का टिकट क्यों? *हो सकता है, आने वाले के पास चढ़ाने के लिए वही सबसे क़ीमती चीज़ रही हो?*

और हम हिन्दू और बौद्ध लोग? जब हम अपने मृतक को जलाते हैं, तो इस आशा में कि फिर मिलेंगे...किसी अगले जन्म में। हम किसी क़ब्र पर नहीं जाते। हमारे मृतकों का कोई 'नियत' स्थान है ही नहीं। हम उनकी राख नदियों में, खेतों में, पहाड़ों पर बिखेर देते हैं। फिर हम उन्हें दूसरे जीवों में, अबूझ दैवी संकेतों में ढूँढ़ते रहते हैं।

हम उन्हें मिलने नहीं जाते। हमारे मृतक हमसे मिलने आते हैं। कभी पेड़-पक्षी, तो कभी सन्तानें बनकर। *हम जो 'जीवित' हैं, वास्तव में 'क़ब्रें' हैं, जहाँ हमारे मृतक घूमने आते हैं...*

बायज़ेंटीन कला में ऐसा क्या है, जो हमें उसी तरह उद्वेलित करता है, जैसे मिस्र की ममियाँ?

क्या यह इन दोनों कलाओं में सोने के रंग का प्रयोग है? या शायद आँखें, शून्य में देखती हुईं, सुन्न? उनके लम्बे, उदास चेहरे। सारी रेनेसाँ कला के सामने वे अकेले हैं, अपने नाक-नक़्शों के इस स्टाइलाइज़्ड चित्रण के कारण। वे जैसे यथार्थपरक होने की कोशिश तक नहीं करते...उनकी त्वचा कभी असली मांस का गुलाबी रंग लेने की कोशिश नहीं करती। वह भूरे रंग की ही रहती है—त्वचा का असली तपा हुआ रंग, जब वह स्वयं को कला में बदलती है....

पेरिस में मुझे फ़ेबियान के अद्‌भुत संगीत-संग्रह में से मध्यकालीन स्पेनी ईसाई / शास्त्रीय संगीत सुनने का मौक़ा मिला। और जब मैंने जेसुआल्दो को पहली बार सुना—सोलहवीं शताब्दी के संगीतकार को—तो बहुत अर्से बाद मेरे भीतर कुछ द्रवित होना शुरू हुआ...

वृंद-गान का एक शब्द भी समझे बिना उस शोक में शामिल हो सकना, विलाप की किसी अदृश्य देहरी पर जा खड़े होना, आत्म-स्वीकार के बाद की उस सारी आन्तरिक 'धुलाई', क्लींज़िंग में से गुज़र जाना जिसमें कैथोलिक ईसाई धर्म का विश्वास रहा है—यदि एक संगीत-रचना इतनी सब चीज़ें एक साथ तुम्हारे लिए कर पाती है, तो यह कला का जादू ही है...

यह वह कला है जो भीषण निराशा की सुरंग में से गुज़रती है। यह वह कला है जिसकी पीड़ा में ही उसकी मुक्ति छिपी है। यह वह कला है, जो साक्षात्कार के क्षण में तुम्हारी अँतड़ियाँ भूरे रंग से रँग देती है...ठीक वैसे, जैसे अपने चित्रों की...इस कला ने स्वयं को बहुत लम्बे समय तक जलाया था, भूना था, कुड़कुड़ाया था। तब एक दिन वह इस चमकदार ताँबई भूरेपन तक पहुँच सकी...

खिड़की के बाहर आकाश लाल हो रहा है। पता नहीं, हम इस समय कहाँ से उड़ रहे हैं?

मैं भूगोल के इस बिन्दु को रेखांकित करना चाहती हूँ, जब एक ओर अँधेरा है, दूसरी ओर प्रकाश...शाम और सुबह एक दूसरे की पीठ से यों जुड़े हुए हैं, जैसे कोई जुड़वाँ। *यह टिगरिस है, भूतपूर्व सोवियत यूनियन में। इस समय हम जहाँ हैं...*एयर होस्टेस मेरी जिज्ञासा के जवाब में पायलट का जवाब लाई है।

हवाई जहाज़ में मेरे साथ वाली सीट पर एक स्पेनी भाषी बोलिवियन सज्जन बैठे हैं। क़रीब सत्तर वर्ष की उम्र। प्राचीन देवताओं वाली छोटी-सी दाढ़ी। पेशे से बच्चों के डॉक्टर।

सारा रास्ता वह चुप बैठे मुझे डायरी लिखते हुए देखते रहे। एक बार टॉयलेट जाने के लिए उठी, तो बड़ी उदारता से मेरा गिलास थाम लिया, कि मेरे आने तक सँभाले रहेंगे। खाया भी उन्होंने कुछ ख़ास नहीं। एक एयर होस्टेस को उनकी परेशानी पर कुछ शक हुआ, तो दूसरी को बुला लाई, जो स्पेनिश जानती थी। उसने पूछा, कई चीज़ें बार-बार बताईं, तो बड़ी मुश्किल से उन्होंने सफ़ेद वाइन के लिए हाँ की।

दूसरा गिलास लेने के बाद वे कुछ ढीला पड़ना शुरू हुए। एक बार गर्दन सीधी करने को ऊपर उठाई तो उनकी तरफ़ नज़र गई। बड़े ध्यान से मुझे देख रहे थे। नज़र मिलते ही बड़े आदर से सिर झुकाकर सलाम-सा किया।

मैं अपनी ही किसी दुनिया में थी। पहले तो ध्यान नहीं दिया, फिर ग़ौर किया तो उनकी ओर मुड़कर अभिवादन किया।

आप लिखती हैं?

अरे, यह तो अच्छी ख़ासी अंग्रेज़ी बोल रहे हैं!

यूँ ही थोड़ा-सा।

उन्होंने एक बार फिर अपने सिर को छुआ।

आप भारत जा रहे हैं?

हाँ।

कहाँ?

आगरा। ताज देखने।

क्यों, ताज क्यों?

क्योंकि टैगोर ने उस पर एक कविता लिखी थी, प्रेम कविता...

मुझे गुरुदेव से जुड़ी कितनी ही बातें याद हो आईं। अर्जेंटीना में अस्वस्थ हो गए थे तो विक्टोरिया ओकैंपो ने सेवा की थी। फिर उसी से प्रेम हो गया था...विधुर हुए उन्हें तब पन्द्रह साल हो चुके थे, नोबल पुरस्कार मिले ग्यारह। बासठ वर्ष के टैगोर, पैंतीस वर्ष की विक्टोरिया...कैसा तीव्र प्रेम था वह, कैसी अन्तहीन जुदाई। आख़िर तक वह 'विजया' का इन्तज़ार करते रहे। आख़िर तक वह आना चाहती रही। पूरे अट्ठारह साल। उनके जीते जी वह भारत नहीं आईं, तो फिर कभी नहीं आईं...सब दक्षिण अमरीकी यह प्रेम कहानी जानते हैं। यह भी जानते होंगे...

पता चला, मेरे नये मित्र हर साल किसी नये देश जाते हैं, छुट्टी मनाने। पिछले साल तुर्की, ग्रीस, मिस्र गए थे। इस साल भारत।

मैं पढ़ता रहता हूँ। फिर मेरी जिज्ञासा मुझे वहाँ ले जाती है। सोचता हूँ, समय रहते सब देख लूँ...

अगले साल वह चीन जाएँगे। *महान इतिहास वाला देश है चीन।*

आप क्या वामपंथी झुकाव रखते हैं?

नहीं, मेरा देश अफ़ीम बेचने वालों का देश है...

वे झपकी लेने लगते हैं। इस बार मैं उन्हें ठीक से देखती हूँ। निस्संकोच होकर।

कोमल, दयालु चेहरा। अपने में विशिष्ट प्रकार से अकेला...

उन्हें देखकर कोई भी कह सकता है, उनके नन्हे मरीज़ उन्हें बहुत प्यार करते होंगे। शायद उनकी दाढ़ी के साथ खेलते भी हों!

पिता-समय मृत्यु-समय

हमारे पैर में एक जैसे चक्कर हैं...
तुम कहते थे
हमारे माथे पर एक जैसी चोट है...
मैं कहती हूँ

एक

अभी-अभी की बात है। तुम एक दिन जाकर दूसरे दिन लौट आए। दूसरे शहर से। जैसे किसी ने पुकारा हो।

'महिन्दर, सब ठीक तो है न?' तुम आकर मेरी माँ से पूछते हो।

अभी वह मेरी माँ बनी नहीं, न तुम मेरे पिता। लेकिन इससे क्या होता है? वह उदास है, बहुत उदास। पता नहीं, अपने मायके में किसे याद करके वह रो पड़ी है। तुम इतने कच्चे दिल के हो, कि उसे देखकर ही रोने लगते हो। मैं बड़ी होऊँगी, तो मेरा दिल भी तुम्हारे जैसा निकलेगा—चिड़िया का दिल, ज़रा-ज़रा सी बात पर फड़फड़ाता दिल। मेरी हँसी भी उसी तरह उड़ेगी, जैसे अब तुम्हारी उड़ती है। तुम दोनों को देखकर मैं भी रोना चाहती हूँ, लेकिन इस समय मैं जहाँ हूँ, वहाँ मेरे नाक-मुँह में सब पानी ही पानी भरा है।

मैं सब सुन रही हूँ तुम्हारी बातें। उसके गर्भ में उकड़ूँ बैठी...मेरे आने में अभी पूरे अट्ठाईस दिन हैं। मैंने ही तुम्हें पुकारा था। मैं ही तुम्हें पुकारा करूँगी। हर बार तुम बीच से लौट आया करोगे। दूर-दूर के शहरों से। जब तक लौट नहीं आओगे, मेरी नन्ही-सी देह बुख़ार में तपती रहेगी...

तुम आओगे और मैं उठ जाऊँगी। दोनों बाँहें फैलाए तुम्हारे पास आने को होऊँगी कि तुम मुझे बीच में उठा लोगे। क्लिक। फिर मेरी बाँह की हड्डी अपने जोड़ से निकल गई है। अब हम पहलवान के पास जाएँगे, मेरी हड्डी जुड़वाने...

यह इतनी बार होगा, कि लोग-बाग हैरान हुआ करेंगे। तुम्हारा लौटना, मेरी हड्डी का उतरना, मेरा पहलवान की गली पहचान कर रोना। तुम्हारा मुझे देखकर आँखें भरना।

यह मेरा पहला बिछुड़ना है। इसमें इतना सदमा होगा, कि यह मेरे आने वाले सारे जीवन को रँग देगा। मैं कभी इससे उबर नहीं पाऊँगी...लेकिन यह हमें अभी पता नहीं चलेगा। जब चलेगा, बहुत देर हो चुकी होगी। तुम कहोगे, *अब तो मैं लौट आया हूँ।* मैं कहूँगी, *लेकिन मैं तो अब वह नहीं रही, जो तुम्हारे जाने से पहले थी।*

लेकिन ठहरो, इसे अभी होना है।

ꕥ

तेईस साल की माँ। तीस के तुम। माँ भोली है और तुम ऋषि कुमार। यह दुनिया, यह गृहस्थी तुम्हारे लायक़ नहीं होने वाली।

कहाँ तुम चालीस-चालीस दिन गुफा में बन्द होकर तपस्या करने वाले, वेद-वेदांत पढ़ने वाले। सत्ताईस की उम्र तक तुम एक पूरा संस्थान तैयार कर चुके हो—*निर्मल कुटिया।* एकड़ों ज़मीन में फैला हुआ। स्कूल, अस्पताल, शरणार्थियों को तरह-तरह का रोज़गार प्रशिक्षण। एक के बाद एक योजना... तुम संस्था का विस्तार करते जाते हो। जागीरदारी क्या छोड़ी, अब पिता को कुछ बनकर दिखाना है।

पहले तो उन्होंने तुम्हें गुरु को सौंप दिया। कठोर पारम्परिक अनुशासन में तुम्हारी शिक्षा हुई। फिर जब तुम अध्ययनशील जीवन को समर्पित होने लगे, तो उन्हें अपनी जागीरदारी की चिन्ता हुई। वे तुम्हें दोनों दुनियाओं में रखना चाहते हैं और तुम एक में रहना। *उनकी तरह।* क्या उनका बेटा सचमुच उनके जैसा निकल आएगा? यह उन्हें स्वीकार नहीं।

एक दिन वह तुम्हें भरी पंचायत में उठाकर फेंक देंगे। तुम्हारी जनता के सामने। सत्रह साल के पतले-सुकड़े लड़के को। जैसे तुम एक गठरी हो...

तुमसे नहीं, अपने से ही नाराज़ हैं वह। जीवन-भर देश-देशान्तर भटकते रहे। कौन-सा सत्य मिला, वही जानें। लेकिन जहाँ मैं हूँ, वहाँ से वह न पूरे संन्यासी दीखते हैं, न पूरे गृहस्थ। बस, उचाट हैं वह, बहुत उचाट।

मुझे नहीं रहना यहाँ। अब मैं इन लोगों से कभी आँख मिला सकता हूँ? तुम रुआँसे आकर माँ को सब हाल बताते हो। हवेली में।

यहीं से उसने हुकूमत की थी। तुम्हारे नाम पर। पाँच साल के थे तुम। और वह तुम्हारी सर-ब-राह। अंग्रेज़ सरकार ने बनाया था उसे सर-ब-राह। तुम्हारे पिता की नामौजूदगी में। बाक़ायदा मुक़दमा लड़ी थी वह। बीस गज़ का घाघरा पहनकर कचहरी जाती थी, अपनी रैयत के साथ। यूँ ही नहीं बच गई थी ख़ानदानी जागीरदारी। पिता तो पता नहीं, किन संतों के साथ बैठकर शास्त्र-चर्चा करते होते। उनके अपने दुखड़े थे, जिनसे वह भाग रहे थे। माँ लेकिन भागने वालों में नहीं थी। दुख उसे मारने आया, तो उसने आगे बढ़कर उसके सींग पकड़ लिये...माझे के सब गाँवों में चर्चा थी उसकी। बड़ी विलक्षण औरत थी।

ठीक नहीं किया उन्होंने। अब जब तक तुझसे माफ़ी न माँग लें, तू घर मत आना।

माँ तुम्हारे लिए पूरा न्याय चाहती है, पूरी गरिमा। उसे मालूम है, पिता की जान तुममें अटकी है।

ଓ

तुम आ गए हो। माँ की दी हुई पूँजी लेकर। पहले बनारस जाते हो, शिक्षा पूरी करने। फिर इस शहर, जहाँ तुम्हें ज़िद है, कि तुम कोई बहुत बड़ा काम करके दिखाओगे। सच्चा सौदा, जैसा बाबा नानक ने किया था।

गुरु तुम्हारे निर्मल सम्प्रदाय के थे। संत अमीर सिंह जी। सत्तोवाली गली, अमृतसर के। इस सदी के तीन महान गुरुमत विद्वानों में से एक। (जानकार कहते हैं, तुम उनसे भी आगे थे...क्या पता? हमने तो कुछ जाना नहीं। न तुम्हें, न उन्हें।) तीन साल रखा उन्होंने तुम्हें अपने पास। सब ख़ानदानी बल निकाल दिये।

वेद-वेदांत की पृष्ठभूमि में गुरुबाणी की टकसाली व्याख्या करते हैं वे लोग। सिखों में गहन विद्वान माना जाता है इन्हें।

उन्हीं को श्रद्धांजलि है तुम्हारी *यह निर्मल कुटिया।* तुम्हारा एक पैर प्राचीन संस्कृति अध्ययन में अटका है, दूसरा समाज सेवा में। तरह-तरह के लोग तुमसे मदद माँगने आते हैं। किसी की फ़ीस भर देते हो, किसी की रोज़गार जमाने में मदद। इन्हीं में से कल एक केन्द्रीय गृह मंत्री बनेगा, दूसरा पंजाब के सबसे बड़े अख़बार का मालिक। और तुम?

और तुम?

तुम डूबते चले जाओगे।

प्रेम हो तो डूबना पड़ता है। इस समय अगर मैं तुमसे पूछ सकती, तो तुम दोनों यही कहते...

ଓ

एक दिन तुम प्रेम में पड़ जाओगे। एक ग़रीब, शरणार्थी लड़की से। सारी विद्या भूल बैठोगे। (जैसे कर्ण भूल गया था?) वह अपने परिवार की सबसे लायक़ बच्ची। तुम्हारे स्कूल में काम करने आई युवा हेड मिस्ट्रेस।

हर प्रेम की अपनी खाई होती है। तुम्हारे प्रेम की कौन सी थी, धीरे-धीरे तुम्हें भी पता चल जाएगा। अब तुम्हारा भलापन ही तुम्हें ले डूबेगा।

तुम जिस मित्र को भेजोगे, रिश्ता माँगने के लिए, वह कह बैठेगा, "आप हाँ कर दें तो आप लोगों की आर्थिक मदद भी कर देंगे..."

बस, मेरे होने वाले नाना तुम्हें कभी माफ़ नहीं करेंगे। यह ठीक है कि वे ग़रीब हैं, कि उनके पास दो वक़्त खाने को भी नहीं है, लेकिन इतना अहं? तुम यदि अहंकारी हो, उनके अनुसार, तो वह भी पक्के राजपूत सिख हैं!

प्रेम किया है तो डूबो अब! छोड़ दो सारा वैभव। चले जाओ किसी दूसरी जगह, एक बेचेहरा आदमी!

तुम ऐसे बेचेहरा होकर निकलोगे, कि बेचेहरा ही रहे आओगे। तुम्हारा प्रेम तुम्हारे लिए यही खाई खोदेगा। तुम्हें कुछ इसके बारे में मालूम होगा, कुछ नहीं। पर जिस दिन कूदोगे, सब ताक पर रखकर। एक बार भी मुड़कर नहीं देखोगे। वह गया तुम्हारा राजपाट, वह गया तुम्हारा नाम। सब माया थी...यह बार-बार होगा तुम्हारे साथ। मुड़कर नहीं देखना है, तो नहीं ही देखोगे।

इसी दिन के लिए विद्वान बनने निकले थे तुम?

इन दिनों तुम दोनों इतने अकेले, इतने वीरान हो, कि मैं समय से पहले आ जाना चाहती हूँ। जाने कहाँ-कहाँ की तीर्थ-यात्राएँ करते फिर रहे हो तुम। इलाहाबाद, बनारस, गया-बोधगया, पटना, वृंदावन, बरसाना, हरिमन्दिर साहिब। जाने क्या माँग रही हैं तुम्हारी प्रार्थनाएँ?

मैं आऊँगी, तो देखना, सब ठीक हो जाएगा। मैं—तुम्हारा खिलौना, तुम्हारी पटोला। फिर हम तीनों मिलकर एक साथ हँसेंगे, एक साथ रोएँगे।

मार्गशीर्ष की तृतीया है, कृष्ण पक्ष की। मैं आ गई हूँ। नर्स ने तुम्हें चार घंटे बाद भीतर आने दिया है। तुम चुप खड़े मेरी गठरी को देख रहे हो। *अच्छी तरह से देख लो।* यह तुम्हारी है। सारी की सारी तुम्हारी। मेरी नन्ही-सी कलाई पर जो पट्टी बँधी है, उसमें तुम्हारा ही नाम लिखा है। चाहो तो देख लो।

फिर आँसू? बस यही मुश्किल है। न तुमसे ख़ुशी सँभलते बनती है, न दुख। देखना, मैं भी ऐसी ही बनूँगी। इन दिनों तुम दोनों जो-जो करोगे, मैं वही-वही हो जाऊँगी। बाद में मत कहना।

इकत्तीस रुपये लाकर तेरे पैरों में रखे थे। माथा टेका था। बोले, लछमी आई है। सिर-माथे। उन दिनों इकत्तीस रुपये बहुत थे हमारे लिए...

माँ रो रही है। मैं भी।

तुम नहीं हो। यह तुम्हारे जाने के बाद का रोना है। मेरा पहला जन्म-दिन। चालीस की हो गई मैं...अब मैं अपने वर्षों को उलटा गिनना शुरू करूँगी। तुम्हारे बिना यह मेरा पहला साल है। फिर मैं दो की होऊँगी, तीन की...

तुम कहाँ गए, ताजी?

माँ कहती है, जब मैंने बोलना सीखा, तो पहला शब्द यही कहा था। *ताजी।* माँ नहीं, ताजी। दारजी तो मैंने बहुत देर बाद कहना शुरू किया...लगभग सात साल की होकर। मेरी देखा-देखी तुम मेरे बाक़ी भाई-बहनों के भी दारजी बन गए।

लेकिन ताजी तुम मेरे ही हो। मेरे ही रहोगे। अन्त तक।

फिर एक सुबह कबीर साहब मन्दिर में पहुँचे। देखा, गुरु जी चित्त पड़े हैं। न हिलते हैं, न बोलते हैं। बोलते कहाँ से? वह तो जा चुके थे। बड़ा वैराग्य आया कबीर के मन में। यह जो तुम पढ़ते हो, गुरुबाणी में शबद—यह वहाँ से आया है।

बाबा बोलते ते, कहाँ गए?

'थे' नहीं 'ते'। वे। बाबा, जो बोलते थे, वे कहाँ गए?

देही के संग रहते थे

सुरत माहे तो निरते करते

कथा-बार्ता कहते थे

बाबा बोलते ते, कहाँ गए?

हमेशा वैराग्य की बातें करना। या तो कुछ बोलना नहीं, पूछना नहीं कि स्कूल में क्या पढ़ाते-लिखाते हैं। और बोलना, तो सीधे कबीर, गुरु नानक, भीष्म पितामह, कर्ण, गुरु तेगबहादुर। दीवार में चिने जाते छोटे साहिबज़ादे...

हज़ूर, टखना अटक रहा है, दीवार टेढ़ी हो जाएगी। थोड़ी सी ईंट तोड़ लूँ? मिस्त्री पूछता है।

क्यों, ईंट काहे को? टखना काट डालो, दीवार टेढ़ी नहीं होनी चाहिए। काज़ी कहता है।

छोटे-छोटे बच्चे बाबा ज़ोरावर सिंह, बाबा फ़तेह सिंह। पाँच और सात साल के।

हम तो बहुत बड़े हो गए। फिर अब दूसरे बच्चों जैसे कैसे हो जाएँ?

छठी की रात है। नवम्बर की सर्दी में तुम बैठे हो। इर्विन अस्पताल की बेंच पर। अन्दर जाने की मनाही है।

बिधि-माता आएगी। यहीं से गुज़रेगी। जच्चगी घर में हुई होती तो तुम उसके रास्ते में दीवा रखते। अब तुम एक झपक भी सोना नहीं चाहते। सब जानना चाहते हो, वह क्या लिखकर आई है, तुम्हारी बच्ची के माथे पर? मेरी माँ को सब हिदायतें दे रखी हैं तुमने।

सुबह उससे पूछते हो, रात कैसी कटी? वह बताती है, सारी रात मैं इसे दूध पिलाती रही, और यह पेशाब करती रही। ठंड भी तो बहुत थी।

तुम सिर हिलाते हो। *नहीं, यह कैसे हो सकता है?*

पर यह सच है।

तब हमारी बच्ची सारी ज़िन्दगी ऐसी ही रहेगी। बाहर से भरी, भीतर से ख़ाली... यह क्या लिख दिया बिधि-माता ने?

बच्ची हँस रही है। नींद में। बिधि-माता उसे खिला रही है।

जीवन-भर चलने वाला यह खेल है। बस, थोड़ा-सा बदल जाएगा बाद के वर्षों में। तुम्हारी बच्ची दिन में हँसेगी, नींद में रोएगी। बिधि-माता कहेगी— *देख, यह देख, मैंने तेरे लिए ही सब रखा था। सह जा। सब सह जा।*

तुम उसे बार-बार फ़ोन किया करोगे, *तू ठीक तो है?*

मुझे क्या होना है, दारजी?

तू चाहे मुझे अपने पेट की बात मत बता, पर मुझे सब पता है। सपने में मैंने देखा कि...

आप ठीक से सोया करो दारजी। इतने सपने मत देखा करो।

ताजी।

ताजी।

तुम कहाँ गए ताजी?

ଔ

क्या यह मेरी सबसे पहली स्मृति है? छोटी-सी हूँ। कितनी छोटी, कह नहीं सकती। बस इतना याद है, हर चीज़ बड़ी है।

काली-सी एक चट्टान है। मैं खड़ी हूँ। पाँव थिर नहीं। एक बड़ी-सी लहर आ रही है—शेषनाग जैसी—मुझे दबोचने। मारे डर के मेरी साँस रुक गई है।

दारजी, क्या मैं कभी डूबी थी?

नहीं तो।

डूबने जैसी हुई थी?

हाँ, याद आया। हम संगम नहाने गए थे...इलाहाबाद में। तू छोटी थी—साल-सवा साल की। तुझे एक पत्थर पर खड़ा करके हम बारी-बारी नहा रहे थे, कि देखा, एक बड़ी तेज़ लहर तेरी तरफ़ बढ़ी आ रही है।

मैंने लपककर तुझे पकड़ लिया। मेरी छाती पर आ गिरी तू। नहीं तो बह जाती...

क्या इसीलिए मैं अपने को डूबते हुए देखती हूँ? सपने में अक्सर?

☙

एक स्वप्न। जैसे कोई पूर्वजन्म।

वीरान-सा कोई पहाड़ है। उसकी छाया में मैं खेल रही हूँ। जिसके साथ खेल रही हूँ, मेरी ही उम्र का है वह। मेरा साथी। दो-ढाई साल का।

अचानक अँधेरा। मध्यान्तर। जैसे सिर में चोट आई हो।

आँख खुल जाती है। इसे तो मैं पहचानती हूँ। अपने बिछुड़े हुए को...

आँख लगती है, तो दोबारा वही स्वप्न। फिर सिर में चोट...

क्या दो बार ऐसा हुआ था?

☙

मैं उनसे सब कहती हूँ। हैं तो कवि-मित्र, लेकिन इन रहस्यों के बारे में कुछ-कुछ जानते हैं। उन्हें स्वप्न बताती हूँ।

क्या आपके माथे पर कोई निशान है?

हाँ, है।

चार साल से पहले की उम्र का?

जी।

वह चुप हो जाते हैं। जैसे तय न कर पा रहे हों, कहें या नहीं।

तब यह सम्भव है।

क्या?

यह जो आप स्वप्न में देखती हैं, वह सच हो...

तुम्हारे माथे पर भी निशान था। बाईं तरफ़। ख़ूब बड़ा। बचपन की चोट का।

भाई के माथे पर भी है। मेरे माथे पर भी।

तब क्या हमारा कोई और वंश भी है, पूर्वजन्म से चला आता?

तुम होते, तो हँसने लगते...

तुम होते, तो कहते, *क्या पता? पर अगर ये बातें सच हों, तो भी इनके बारे में चुप रहना चाहिए...*

तुम नहीं हो—तो कैसे मैं बोले जा रही हूँ।

देख रहे हो न?

दो

तुम्हें मालूम है, ताजी कैसी किताबें पढ़ते हैं?

एक दोपहर हम स्कूल से लौटती हैं, तो जिंदू पूछता है।

नहीं तो....

इधर आओ, मैं दिखाता हूँ।

वह बन्दर के बच्चे की तरह सीमेंट की अलमारी में चढ़ रहा है। एक-एक ख़ाना। सबसे ऊपर वाले ख़ाने में रखी हैं वे। कुछ सुनहरे वस्त्रों में लिपटीं, कुछ वैसे ही। मोटी-मोटी। हम स्टूल पर चढ़कर पकड़ रहे हैं। मेरे ही वज़न की होंगी तुम्हारी किताबें। या मैं ही अभी तुम्हारी किताबों के वज़न जितनी हूँ...

हम दीवान पर उन्हें फैलाकर औंधे लेट गए हैं।

फ़ोटो दिखाऊँ?

दिखा।

उसे सब मालूम है, कहाँ कौन-सी फ़ोटो है। दोपहर को लड़कों वाले स्कूल में जाता है। छठी में पढ़ता है। (एक दिन वह बड़ा होगा और रेलगाड़ी से गिरकर मर जाएगा, फिर जब भी जिंदू याद आएगा, रेलगाड़ी से कटकर गिरता दिखेगा। छोटा बच्चा नहीं होगा वह, जो इस दुपहर हमें तसवीरें दिखा रहा है...)

मैं दूसरी में पढ़ती हूँ। हैप्पी नर्सरी में। डिकी तो बहुत ही छोटी है। हम आती हैं, तो खिड़की में लटकती हमें टाटा करती मिलती है। पागल, उसे मालूम नहीं, कि टाटा जाते हुए किया जाता है। *आने पर क्या कहते हैं, जिंदू?* उसे भी नहीं मालूम।

यह देखो।

मैं आगे बढ़कर देखती हूँ। एक दिन हमारे ताजी भी ऐसे हो जाएँगे? उनके आधे बाल तो अभी से सफ़ेद हैं।

जिंदू, इतने सारे तीर? सारे शरीर में? आँखें खुली हैं। चुपचाप ऊपर देख रहे हैं। इतने बूढ़े आदमी को किसने मारा है?

उसे भी नहीं मालूम। मेरी किताब में एक कव्वा मोर की दुम लगाकर घूम रहा था, लेकिन तीर?

कई दिन नींद नहीं आती। आँखों के आगे तसवीर घूमती रहती है। एक दिन उनसे कहती हूँ। वह मेज़ पर पढ़ रहे हैं।

ताजी, वह आपकी किताब में किसकी फ़ोटो है?

तुम मेरी किताबें छेड़ रहे थे? जिंदू!

बताओ न, वह कौन है?

कहाँ?

हम उन्हें वह पन्ना निकालकर दिखाते हैं। तसवीर को दुबारा देखते ही मेरा गला रुँध गया है। ताजी को नहीं मालूम। ताजी को कुछ नहीं मालूम, कि एक दिन वह इस तसवीर जैसे हो जाएँगे...

अरे, यह तो भीष्म पितामह है। मैंने तुम्हें इसकी कहानी नहीं सुनाई? आज रात को सुनाऊँगा।

मुझे नहीं सुननी। इतनी लम्बी कहानी सुनाएँगे, कि मुझे बीच में नींद आ जाएगी। अगर छाती पर हाथ रखा रह गया और मैं सो गई तो सपने में राक्षस आएगा या चुड़ैल बुढ़िया।

ताजी, आप दिन में सुना दो। रात को डर लगता है।

अच्छा, थोड़ी देर में सुनाऊँगा।

रात को हम लोक-कथाएँ सुनते हैं। बंजारा बेदी की किताब में छोटी-छोटी मज़ेदार कहानियाँ हैं, डोमनियों की, जुलाहों की, मिरासियों की। मूर्खता-भरी कहानियाँ। रात को यही अच्छी लगती हैं। वह पढ़ते जाते हैं, हम तीन बन्दर उनके आगे-पीछे चिपटे सुनते रहते हैं। डिकी पीछे उनकी गर्दन से झूलती रहती है, मैं और हैप्पी उनके घुटनों पर कोहनियाँ रखके बैठी हैं। गोद में उनकी वह किताब है।

माँ कहाँ हैं? पता नहीं।

आसपास ही रही होंगी, जो स्मृति में उन्हें लेकर कोई दुख नहीं है...

एक दिन वह कहानी पढ़ते-पढ़ते बीच में रुक जाते हैं। उबासी लेते हैं। *बाक़ी कल। अब सो जाओ।*

कहानी बीच में छोड़ दी! आज की रात चुड़ैल ज़रूर आएगी।

ताजी, यह तो पूरी करो।

नहीं भई, अब मैं थक गया।

ताजी! उन्हें कैसे बताऊँ? मेरी घिग्घी बँधनी शुरू हो गई है। *ताजी!* हम तीनों उन्हें गुदगुदी कर रहे हैं। कोई बगल में, कोई पैर के तलवों में। हमें जब उनसे अपनी बात मनवाने का कोई और ढंग नहीं सूझता, हम तीनों मिलकर यही करते हैं। वह कुछ देर पक्का मुँह किये बैठे रहते हैं, फिर गुदगुदी के कारण खिलखिलाना रोक नहीं पाते। जैसे ही हमें अपनी कामयाबी का पता चलता है, हमारे वार और भी तीख़े हो जाते हैं। *तो फिर कहानी ख़त्म करो।*

अच्छा तो सुनो। वह आगे पढ़ना शुरू करते हैं। कहानी ख़त्म करके मेरी ओर देखते हैं, *अब तो तू ख़ुद ही पढ़ सकती है। तुझे सिखाया नहीं मैंने ऊड़ा-ऐड़ा?*

यहाँ ऊड़ा-ऐड़ा लिखा है? पिछले दिनों ताजी हमें गुरमुखी लिपि सिखा रहे थे। शाम को छत पर। खेल-खेल में।

कुछ कहानियों के कारण, कुछ भूतों के कारण—हम तीनों समय से पहले ही पंजाबी सीख गई हैं। अब ताजी हमसे पूछते हैं, *आज कौन पढ़ेगा?*

ଓ

दारजी के पेट में न, रुई का पेड़ है!

एक दोपहर हम स्कूल से लौटी हैं, तो डिकी ने हमें यह ख़बर दी है।

तुझे कैसे पता?

मैं न रोज़ उनकी धुन्नी में से रूँ निकालती हूँ। जब वह सो रहे होते हैं...

डिकी तीन साल की है। दुपहर को जब दारजी सबको ज़बरदस्ती एक घंटा सोने को लिटाते हैं, तो वही है, जो खेलती रहती है। उनके पास पलंग पर।

आज हमें दिखाइयो।

हमें शान्ति नहीं। दारजी आज लेटने में बहुत देर लगा रहे हैं।

दारजी, सोना नहीं? डिक्को रानी पूछती है।

चल आ, सोएँ। वह डिकी को अपनी एक बाँह पर डालकर लेट गए हैं। हम दोनों दूसरी तरफ़। रोज़ दुपहर हम चारों यहीं सोते हैं। डबल बेड पर। कुछ ही देर बाद वह गहरी नींद सो जाएँगे और हम रुई का पेड़ देखेंगे। उनके पेट पर अपनी नन्ही कुहनियाँ रखकर...फिर पेट हिलेगा, टेढ़ा होगा, और सीधा ऊपर उठ बैठेगा। इतना धीमे-से कि हमें पता नहीं चलेगा।

तुम तीनों सो नहीं रहीं?

उन्हें उठा देख हम तुरन्त लेट गई हैं। साँस रोके। डिकी को उन्होंने फिर खींचकर अपनी बाँह पर लिटा लिया है।

अल्लियाँ, बल्लियाँ...

वह उसे थपथपा रहे हैं।

यह उनकी लोरी है, जो उन्होंने हम पाँचों को सुनाई है। ऐसी सुरीली, ऐसी उचाट। दुनिया का क़िस्म-क़िस्म का संगीत सुना, लेकिन कुछ भी ऐसा नहीं। उचाटपन, नींद और संगीत की रस्सी पर टँगी एक लोरी। आज भी वह आकर सुनाएँ तो हम आराम से सोने जा सकते हैं। फिर हममें से किसी को गोलियों की ज़रूरत नहीं...

ও

दारजी रोज़ अपने ट्रांसपोर्ट के दफ़्तर से आ जाते हैं, प्रकाश रोडलाइन्स से, लंच के लिए। *स्लीपिंग पार्टनर।* बाद में एक दिन जब घाटा हो जाएगा, प्रीतम दास, उनका पार्टनर सीसगंज साहिब में बाबाजी के सामने तीस हज़ार रुपये लेकर मुकर जाएगा और दारजी के बाल कुछ ही दिनों में एकदम सफ़ेद हो जाएँगे, ममी और मामा (वह हमारे यहाँ रहकर पढ़ रहे हैं) उनसे यही कहेंगे...*दुपहर को नींद के बिना गुज़ारा नहीं था, हमें तो पहले दिन से पता था, कि जिस तरह वह तुमसे छह-छह ट्रकों के पैसे ले रहा है, यह होकर रहेगा...*

ও

नींद वाली बात तो ख़ैर सच थी, असल बात यह थी कि उनका हमारे बिना दिल नहीं लगता। ममी सुबह से कॉलेज गईं शाम को लौटती थीं। दिल्ली के दूसरे सिरे पर उनका कॉलेज, तिस पर पीएच.डी. का थीसिस। बाई जी हमें सँभालतीं। गुत्तें करके स्कूल-बस में चढ़ातीं। कई बारी हम स्टॉप पर पहले पहुँच जातीं और वह पीछे-पीछे दौड़ी आतीं, लंच-बॉक्स लेकर। दारजी जब तक हमें दुपहर को अपने साथ बैठाकर खाना न खिला लेते, उन्हें चैन नहीं था। वैसे भी प्रकृति ने उन्हें माँ वाला दिल दिया था। बस उनके बुब्बू नहीं थे... (डिकी कहती, *बुब्बू भी हैं।* एक बार बहुत रो रही थी, तो दारजी ने 'दूध' पिलाया था। डिकी ने उन्हें ऐसा ज़ोरदार घूँसा मारा कि बस!)

ও

पैसे गाँव से दादी भिजवाती हैं, सबसे छोटे करतार चाचा के हाथ। चाचा अंग्रेज़ फ़ौज में भर्ती हुए थे, फिर भगत सिंह की तरह बम फेंककर अंग्रेज़ों को भगाने के लिए उन्हीं का बारूद चुराकर छुट्टी पर घर आए, तो रास्ते में पकड़े गए...दादा उनके कारण इतने शर्मिंदा हुए कि अपनी वसीयत से उन्हें लगभग बेदख़ल कर दिया।

लेकिन चाचा बाक़ायदा कम्यूनिस्ट हो गए और दादी हमेशा की तरह अपने बेटों की चोरी-छिपे मदद करती रहीं...वही छोटे चाचा अब दारजी के साथ आ खड़े होते हैं। उनके जीवन-संग्राम में। हमेशा नहीं, बीच-बीच में।

जब से दारजी का जालंधर का राज-पाट गया है, दादी हर कारोबार योजना में उनकी मदद करती हैं। जब दारजी को पीछे नहीं लौटना है, और आगे ही आगे कहीं जाना है, तो दूर बैठी यही कर सकती हैं वह। जैसे अभी तक अपने स्वर्गवासी पति से उनकी लड़ाई हो! *ढाई साल के मेरे बेटे को अपने गुरु की गोद में डाल गए। अरे, तुम ख़ुद तो न मेरे थे, न दुनिया के। उसे तो रहने दिया होता मेरे वास्ते...*ऐसी खरोंच पड़ी दादी के मन पर, कि फिर जीवन-भर गई नहीं। कैसा था वह आदमी? दादी से कभी पूछो, तो सब ढक देती थी। *वह कोई इस दुनिया के थे? ऊपर जहान से आए थे...*

मैं दादी से कभी नहीं पूछ पाई, दादा इतने क्यों वैरागे गए थे?

लेकिन उसने गुरु तेग बहादुर को ज़ामिन बनाया था...

न सिंह साहब, (जब भी ममी या मामू उनसे इस तरह बात करते हैं, कलेजा मेरे मुँह में अटक जाता है। मुझे लगता है, 'सिंह साहब' कोई बहुत बुरा शब्द है!) *इससे पहले यही नहीं हुआ था? साबुन की फैक्टरी में? और उससे पहले, आपके गुरुभाई ने क्या किया था, याद है?*

ओ बाबा, (क्या गुरु नानक को पुकार रहे हैं दारजी?), *लेकिन मैंने तो किसी को धोखा नहीं दिया? अब लोग ही ऐसे हो गए हैं तो...*

जब भी तुम्हारे साथ धोखा होगा, तुम चुप हो जाओगे। यह इतनी बार होगा, कि तुम बिलकुल मौन में चले जाओगे...मैंने कहा था न, यह दुनिया, यह गृहस्थ तुम्हारे लायक़ नहीं होने वाले।

एक दिन तुम इसे समझ जाओगे। आसानी से नहीं, बहुत सारे मुक़दमे हारने के बाद। तुम इतना नुक़सान उठा चुकोगे, कि ख़तरे से बाहर आ जाओगे। अब तुम्हें बाक़ी दुनिया की तरह सफल-असफल होने की कोई चाह नहीं रहेगी। जिस दिन तुम यह जान लोगे, मुक्त हो जाओगे...पहले वाले हो जाओगे। तपकर एकदम खरे निकल आओगे। बिलकुल अपने पिता के पुत्र, जैसा उन्होंने तुम्हें चाहा था...जब तुम छोटे-से थे। दुनियादारी के जंजालों से दूर। विद्वान। गूढ़। मर्मज्ञ...

तुम एक बार फिर डूबना शुरू करोगे। डूबना तुम्हारा ख़ानदानी स्वभाव होगा। तुम्हारी माँ हों या पिता, दोनों ने अपने जीवन को ख़ूब डूबकर जिया था। अब तुम भी यही कर रहे हो। अब तुम जहाँ हो, वह कोई दूसरा ही संसार है, *जिज्ञासा का संसार।* तुम अपनी पहली शोध-पुस्तक पर काम करना शुरू करोगे।

मैं साढ़े ग्यारह की वय में सब जान लूँगी। खाने की मेज़ पर, पलंग पर सब जगह तुम्हारी किताबें बिखरी होंगी। मुझे सब पता चल जाएगा, एक नामालूम से लगते सन्दर्भ के लिए, जिसके लिए पूरे प्रबन्ध में मुश्किल से तीन पंक्तियाँ हैं, किस तरह और क्यों भटका जाता है।

रात-रात भर तुम और माँ जाने कौन-सी बहसें करते रहते हो। *फ़लाँ पन्ने पर देख तो।* वह तुम्हारी विद्यार्थिनी बनी कभी एक किताब खोल रही है, कभी दूसरी। आख़िर वह सुराग मिल जाता है, जिसे तुम शाम-भर से ढूँढ़ रहे थे।

जब माँ शोध करेगी—और बाद के वर्षों में बहुत सारी किताबें लिखेगी, तुम इसी तरह उसकी मदद करोगे। किताब छपने से पहले हमारा घर शास्त्रार्थ का गढ़ होगा...दूर-दूर के विद्वान आएँगे, मैं साँस रोके सब सुनूँगी, भले कुछ पल्ले न पड़े। मेरे लिए बहुत ज़रूरी है, यह जानना, कि तुम जीते या हारे। बहस समाप्त होगी, तो मैं चुपके से तुम्हारे पास आ जाऊँगी। तुम्हारी बाँह या हाथ या घुटने को छू दूँगी। मुझे तुम पर बहुत गर्व हो रहा है...तुम सबसे अधिक ज्ञानी हो। कोई कुछ पूछ ले। तुम्हें पन्ना नम्बर तक याद होता है...

आप हमारे यहाँ आ जाइए।

पहले प्रोफ़ेसर प्रीतम सिंह बुलाते हैं, फिर डॉक्टर तारन सिंह। जब भी वे तुमसे अभिभूत होंगे, तुम्हें बुलाएँगे। लेकिन तुम्हें कहीं नहीं जाना...न अमृतसर, न पटियाला। विश्वविद्यालयों ने तुम्हें उचाट कर दिया है। जो जगह एक बार छोड़ दी, हमेशा के लिए छोड़ दी...अब तुम अपनी जगह पर हो। अपने अध्ययन कक्ष में। अपने पाँव के चक्कर में।

मालूम है, हार और जीत से अलग एक चीज़ है—ज्ञान। और ज्ञान से आगे भी एक चीज़ है—अन्तर्ज्ञान...

एक दिन—बहुत वर्षों बाद—तुम मुझे समझाओगे।

तीन

बस। इसके बाद बचपन में दारजी कहाँ हैं, याद नहीं आते। उनकी चिट्ठियाँ याद हैं। मणिपुर से, नागालैंड से। बुरहानपुर से, सम्भलपुर से। सरदार नगर, गोरखपुर से। अफ़ग़ानिस्तान से भेजे मेवों के पार्सल याद हैं, जिनमें नीचे की ओर छेद करके डाकिए ने पहले ही आधा पार्सल ख़ाली कर रखा है। ईरान से भेजे तीन कोट याद हैं, मिलिट्री रंग के, बहुत ही सुन्दर। तीन साइज़ों में। सिर्फ़ मेरा साइज़ उन्हें ठीक याद है, बाक़ी दोनों में कोई बड़ा है, कोई छोटा। वह मेरे काबुलीवाला हैं।

मैं बड़ी होती जाती हूँ, वह कहीं नहीं हैं। संस्कृत की बजाय संगीत लेती हूँ। वह कुछ नहीं कहते। *बच्चे कहते हैं, सबक़ याद न हो, तो संस्कृत की मैडम फुट्टे मारती हैं...*

वही संस्कृत की मैडम, मिसेज़ अरोड़ा, मेरे राग भैरव को सुन मंत्रविद्ध-सी कक्षा में आ जाती हैं। अपनी क्लास छोड़। कहती हैं, इतने छोटे बच्चे की ऐसी सोज़-भरी आवाज़ उन्होंने पहले नहीं सुनी...मैं बारह की हूँ। सब समझती हूँ। जो वह कहती हैं और जो नहीं कहतीं। *बुलबुल के कंठ में काँटा है।* मुझे भी मालूम है।

कुछ अस्पष्ट से बिम्ब हैं, जिनमें हम चार हैं। पिकू सबसे प्यारी है। मेरे बाद उसी में दिल अटकता है दारजी का। मैं ग्यारह की हूँ, वह एक की। बिलकुल रुई का फ़ाहा। तीन साल की पिकू के लिए टॉयलेट नया धोया जाता है। वह हर जगह से भाग आती है। दारजी की गोद में छिप जाती है। *बदबू...*

दारजी ने उसका नाम ही रख दिया है, बदबू। ममी कहती हैं, रूँ रूँ। *बाई की छाया पड़ी है पिकू पर। तभी यह इतनी कोमल है।*

मुझ पर दारजी कहते हैं, किसी बंगाली की छाया है...*हमारे कमरे के सामने उसका कमरा था। तेरी माँ बहुत डरती थी उससे। कहती थी, मुझे घूरता है।*

लेकिन लोग तो कहते हैं, मैं आप पर हूँ? मेरा माथा, मेरी आँखें, भँवें, होंठ... चेहरा भी आपके जैसा अंडाकार होता तो कितना अच्छा होता! गोल हो गया ममी की तरह।

बहरहाल, नाक को दोनों ख़ानदानों में कोई अपना कहने को तैयार नहीं है। जैसे ही नाक का सवाल आता है, उस बंगाली की परछाईं हो जाती हूँ मैं!

ଓ

एक दिन हम चिट्ठी लिखती हैं...तीनों। अब सबसे छोटी पिकू है। कहीं लँगोट पहने सो रही होगी। जाली के नीचे।

आइडिया मेरा है। जिंदू ने हमें दारजी की तरह-तरह की किताबें दिखाई थीं, लेकिन जो सबसे हैरान करने वाली थीं, वह थीं उर्दू-फ़ारसी की।

तुम्हें पता है, दारजी कैसे लिखते हैं? एक दुपहर उसने कहा था।

दिखा।

उसने एक नीला डिब्बा खोला, जिसमें दारजी के हाथ के लिखे वर्क़ थे। शायद नोट्स हों। हम हर तरफ़ से घुमाकर उन्हें देखती हैं। कीड़ियाँ ही कीड़ियाँ चल रही हैं, जैसे।

जिंदू, यह तो बहुत आसान है।

हाँ।

इसमें तो ऊपर लाइन भी नहीं खींचनी पड़ेगी।

इसे पता है, क्या कहते हैं?

क्या?

उर्दू।

हमारी जाने बला!

ଓ

प्यारे दारजी,

हम सब यहाँ राजी-ख़ुशी हैं और आपकी राजी-ख़ुशी परमात्मा से नेक चाहते हैं। आगे समाचार यह है कि...

कल बुआ का अन्तर्देशीय आया था, दारजी के नाम, आधे से ज़्यादा ख़ाली था। उसी की बाक़ी जगह पर मैं कीड़ियाँ बना रही हूँ। उलटी-सीधी लकीरें, हम तीनों की 'उर्दू', जिसे दारजी को पढ़ना है...मैं लिख रही हूँ, हैप्पी-डिकी बोल रही हैं।

अन्त में सब बच्चों को प्यार।

हम यह भी भूल गई हैं, कि यह चिट्ठी हम तीनों लिख रही हैं या हमारी बुआ। बाई जी से आटे की लेई लगवाकर लिफ़ाफ़ा बन्द किया है। हमें नहीं मालूम, कि पत्र पर पता लिखा जाता है, लेकिन पता तो बुआ ने लिखा ही था। हम तीनों दुपहरी में इसे लाल बक्स में पोस्ट करने जाती हैं, जहाँ हट्टी-कट्टी गाएँ बैठी हैं। हममें हैप्पी सबसे बहादुर है, वही आगे बढ़ती है। जब वह सफलतापूर्वक लिफ़ाफ़ा डाल चुकती है, तो हम कहती हैं, *यह भी डाल दे। लाओ।* जो पत्थर हमने गायों को मारने के लिए उठा रखे थे, अगर वे हमारी ओर सींग उठातीं, हमने 'पोस्ट' कर दिये हैं। अब हमारी चिट्ठी को गायों से कोई ख़तरा नहीं।

अगले दिन हम साँस रोके दारजी के लेटर-बक्स खोलने के इन्तज़ार में हैं। रोज़ एक बजे डाकिया आता है, दारजी बक्स खोलकर चिट्ठियाँ निकालते हैं।

वह चिट्ठी लेकर लेटकर खोलते हैं। चिट्ठियाँ वह इसी तरह पढ़ते हैं। लेटे हुए। हम तीनों भी आज उनके साथ तकिए पर सिर टिकाकर उनकी चिट्ठी देख रही हैं। बुआ की चिट्ठी हो, तो हम हमेशा पूछती हैं, क्या लिखा है? वह कुछ पढ़ते हैं, कुछ गोल कर जाते हैं। उन्हें पता है, हम क्या सुनना चाहती हैं। *लिखा है, सब बच्चों को प्यार।*

दारजी, ज़रा ध्यान से देखो, कुछ और लिखा है?

वह मंद-मंद मुस्कराते हैं। *हाँ, लिखा है, डॉली को प्यार। हैप्पी को प्यार।* डिकी बहुत ग़ुस्सैल है। उसे देखकर कहते हैं, *डिक्की का माथा चूमना।*

हम सब सन्तुष्ट हैं। हमारे मतलब की यही बातें होती हैं हर चिट्ठी में।

चिट्ठी देखकर दारजी हँसने लगते हैं, लेकिन उसे यूँ देखते रहते हैं, जैसे पढ़ रहे हों...हम चिट्ठी छोड़ उचककर उन्हें देख रही हैं।

यह चिट्ठी तुमने लिखी है?

*नहीं तो...*हम साफ़ मुकर जाती हैं। *यह तो बुआ की चिट्ठी है।*

नहीं, यह तुमने लिखी है।

नहीं।

कुछ देर सब चुप।

अच्छा, अब पढ़कर तो सुनाओ।

वह क्या पढ़ें?

देखो, यहाँ लिखा है, हम सब यहाँ राजी-ख़ुशी हैं और आपकी राजी-ख़ुशी परमात्मा से...

हमारी छोटी-छोटी उँगलियाँ नीले काग़ज़ पर चल रही हैं। वह हमें चिट्ठी 'पढ़ने' देते हैं। हमें सारी चिट्ठी, सारे समाचार याद हैं।

अन्त में सब बच्चों को प्यार।

काफ़ी देर वह मुस्कराते से लेटे हैं। पता नहीं, क्या सोच रहे हैं?

इस तरह मैं तुम्हें पत्र लिखूँगी, एक अनजान लिपि में। मुझे विश्वास रहेगा, तुम इसे समझ लोगे। सब। जो इसमें लिखा है, और जो नहीं लिखा है।

कुछ दिन पहले एक बाल-पत्रिका में कहानी पढ़ी थी। एक लड़की इसी तरह पत्र भेजती है, परदेस गए अपने पिता को, कबूतर के पैर से बाँधकर। बाद में कबूतर मर जाता है, किसी ढेले के लगने से। पर पिता तक उसका पत्र पहुँचाकर ही। पिता जब पत्र खोलता है, तो वहाँ कबूतर का रक्त लगा है... तसवीर के साथ छपी थी यह कहानी।

तुम्हारे दूर देस में रहने की स्मृति में अभी तक जुड़ी आती है यह कथा। यह पत्र।

ঌ

तुम कभी मेरे सपनों में नहीं आते।

तुम्हारी अनुपस्थिति इतनी ठोस, इतनी अन्तिम क़िस्म की है, कि एक बार जाने के बाद तुम कहीं नहीं दीखते। न सड़क पर चले जाते किसी आदमी में, न तसवीर में, न फ़िल्म में...हाँ, टैगोर की फ़ोटो पहली बार देखती हूँ, तो ठिठक जाती हूँ। उनमें कुछ ऐसा है, जो तुम्हारे जैसा है। 'काबुलीवाला' पढ़ने के बाद तो वह जैसे मेरे दूसरे दारजी ही हो गए हैं। अब एक नहीं, मेरे *दो दारजी हैं।* और दोनों कहीं नहीं है...सिर्फ़ अपना पिता अपना होता है। दूसरा कोई कभी पिता नहीं बन सकता, कल्पना में भी नहीं—यह सत्य मैं जानूँगी, बहुत वर्षों बाद।

कुछ ऐसा लगता है, जैसे बरसों बीत गए हों...शुरू में शायद वे महीने रहे होंगे। फिर एक अन्तहीन वियोग ने चोट को इतना नीला कर दिया होगा, कि वे साल बन गए होंगे। और अब तो मुड़कर देखने पर लगता है, कि बचपन में सर्दी, गर्मी, वर्षा, पतझर कोई मौसम ही नहीं थे। एक ही समय था—अनंत—जिसमें मेरे फड़फड़ाते दिल के सिवाय तुम कहीं न थे।

क्या तुम केवल कुछ घटनाएँ, कुछ बिम्ब थे? एक सूखे रेगिस्तान के आर-पार फैले हुए?

माँ कभी इस तरह याद नहीं आती। घटनाओं में बँटी हुई। उसके होने का सुख ज़रूर अक्षत रहा होगा उन दिनों।

कितना विचित्र है, कि बचपन के सब याद रह गए सपनों में यह माँ है, जो बार-बार दिखती है। कभी वह मर गई है, कभी किसी ने उसकी हत्या कर दी है...मैं अक्सर नींद से रोती हुई उठती हूँ। अनाथ...उसकी गोद में छिपने के बाद भी मेरा दुख धुँधला नहीं होता। कई-कई दिन सपने याद रहते हैं, और वह उसी तरह मरती रहती है, मेरी जागती आँखों के सामने।

क्या यह कोई रहस्य है, जो मेरी अनाथ अवस्था को परिभाषित कर रहा है? वर्षों बाद मैं इन दिनों को देखूँगी—अपने जीवन के राहु-काल को। कुंडली के मेरे माता-पिता के घर में केतु-राहु बैठे होंगे। पूरे अट्ठारह वर्ष। वे इस तरह वहाँ आकर बैठेंगे कि धीरे-धीरे बाक़ी सब वहाँ से उठ जाएँगे...तुम। मैं। माँ... एक दूसरे के लिए भटकते। एक दूसरे को ढूँढ़ते। काल के पहिए में फँसे हुए...

एक दिन सब बदल जाएगा। करतार चाचा अचानक एक सड़क-दुर्घटना में अपनी ही गाड़ी के दरवाज़े में धँसकर मारे जाएँगे। तुम अभी ईरान में हो। दादी रो-रोकर हलकान हो रही है। माँ आठवें महीने में है। उनके पास पहुँच नहीं सकती। सब उजड़ गया। हमारा सब उजड़ गया। और इस उजाड़ में यह छोटा-सा पहुँच गया है—हम चार बहनों का भाई। रबी।

*करतार के जाने के चालीसवें दिन हुआ था यह। तार आई। ज्ञानी की नहीं, इसकी ख़बर। फिर इसी मुँह को मैंने जूठा किया, मीठा खाया पहली बार करतार के जाने के बाद...*दादी हमें बताती है।

यही कौतुक है। इसी तरह जीते आए हैं सब। भूलते आए हैं।

दादी लेकिन कुछ भी नहीं भूलेगी। हवेली में बन्द होकर रोती रहेगी। कभी ऊँचे बैन करेगी, कभी मुस-मुस। इतना रोएगी वह कि एक दिन उठेगी तो उसे कुछ नहीं दिखेगा...अन्धी हो चुकी होगी वह...डॉक्टरों के पास लेकर भागेंगे, लेकिन कोई उम्मीद नहीं। अब यह वह स्त्री नहीं, जो मर्दों की तरह हुकूमत करती थी। यह कोई और है। अपना ही प्रेत। अकेली हवेली में चक्कर लगाती। मर गए बेटे से बातें करती...

हमें पता भी नहीं चलेगा कि दादी हमारा एक और ख़ानदानी बिम्ब बन रही है। न भूलने वाले लोग। *हम अपनी स्मृतियों में फँसे रह जाने वाले लोग होंगे।* सब परिवारों में यही हमारी पहचान होगी।

बुआ को जब से आटे की परात के नीचे चिड़िया के पैरों का निशान मिला है, वह चाचा को पंछियों में ढूँढ़ती फिर रही है...एक रात चाचा छोटी बुआ को ख़ुद बताकर गए थे सपने में—*मैं तीन महीने पंछी रहूँगा। उसके बाद जाऊँगा आदमी की जून में...*

ଓ

दारजी लौटते हैं, तो वह नहीं, जिन्हें मैं जानती हूँ।

कुछ और ही हो गए हैं। गुमसुम। फिर एक दिन उनके भीतर से शोक की बर्फ़ पिघलेगी। वह पुराने वाले पिता हो जाएँगे। चाव से भरे। *मेरे नहीं, छोटे भाई के पिता।* अब वह कोई और हैं। मेरी स्मृति में वह जैसे दो हैं। एक हम तीन बहनों के दारजी, दूसरे रबी-पिकू के। हम तो अब बड़ी हो गई हैं। हमें ज़िद करना शोभा देता है क्या?

अभी मुझे नहीं मालूम, यहाँ कोई चोट है। बहुत बाद में यह उभरेगी। रबी को रोते हुए देखूँगी, तब! उनके जाने के बाद।

रबी, जब तू पैदा हुआ, दारजी जैसे मेरे नहीं रहे। पता नहीं, तूने उन्हें मुझसे छीना या क्या। वह तुझे इतना प्यार करते थे कि...मैं उन्हें देखती, तो दिल पर जाने क्या गुज़रती थी। वह अब मुझसे पहले जैसा प्यार नहीं करते थे।

बहुत दूर चले गए थे वह। आज मुझे लग रहा है, जैसे वह पहली नहीं, दूसरी बार गए हैं...

मैं रो रही हूँ। रबी रो रहा है। दारजी बर्फ़ पर पड़े हैं। हम सड़क के किनारे गाड़ी रुकवाकर खड़े हैं। पता नहीं, किसके लिए हम रो रहे हैं? वह बच्ची, बचपन में जिसके पिता चले जाते थे, ख़ुद भी तो अब कहीं नहीं। फिर यह क्या है? यह बाँझ-सा रोना?

पुरानी चोटें ऐसी ही होती हैं? वे कभी भी रुला सकती हैं। कहीं भी।

ଓ

मैं सबसे बड़ी हूँ और दब्बू। मैं खेलती नहीं। बच्चे मुझे घेरकर कभी भी पीट लेते थे और फिर मेरी छोटी बहनों को मुझे बचाने आना पड़ता था। मैं 'धीमी गति समाचार' थी—पिकू कहती है। कई वर्षों से मैं खेली नहीं...मैं बेबी सिटिंग करके ख़ुश हूँ...

पार्क में एक तरफ़ मैं लोक-कथाएँ लेकर बैठी रहती हूँ, सबसे छोटे बहन-भाई के साथ। मैं उन्हें बहन या भाई नहीं, 'बच्चे' कहती हूँ। जितना मैं उन्हें 'बच्चे' कहती हूँ, वे मुझसे दूर होते जाते हैं। अभी मुझे इसका पता नहीं। बाद में चलेगा। जब हममें से कोई भी बच्चा नहीं रहेगा, तब...इतनी बड़ी, इतनी समझदार मैं अपने को मानने लगी हूँ। ममी भी तो हर बात में यही कहती हैं—*अब तू बड़ी हो गई है।* मैं—उनकी दीदी, उनकी माँ, उनकी आया...बाईजी नौकरी छोड़ चुकी हैं। अब मैं हूँ न! सब सँभाल लेती हूँ...

यहाँ मैं सुरक्षित हूँ। किताबों के बीच। स्कूल की लाइब्रेरियन मैडम मुझे हफ़्ते में एक की बजाय दो किताबें लेने की छूट देती हैं। उसके अलावा नगर निगम की लाइब्रेरी। घर की किताबें। पढ़ने की मेरी रफ़्तार बहुत तेज़ है। क्यों न हो! अभी टेलीविज़न नहीं आया। और मेरा बचपन? किताबें न हों तो वह सिरे से ही ख़ाली हो...

दीप, यह तुम इसे पोथी-पोथी क्यों कहते हो?

बहुत वर्षों बाद एक बार बाई जी मामू से पूछेंगी। वह कैनेडा से आए हुए हैं इन दिनों।

बाई जी, जब यह छोटी होती थी न, सारा दिन पोथियाँ पढ़ती रहती थी। तब से मैंने इसका यह नाम रख दिया। पोथी...

मैं, तुम्हारी बच्ची। तुम नहीं रहते थे, तो तुम्हारी पोथियों के बीच रखी पोथी।

मैं अब भी वहीं हूँ।

और तुम?

यहाँ मेरी मेज़ के ठीक ऊपर तुम्हारी लिखी पोथियाँ रखी हैं।

और तुम?

क्या तुम अपने शब्दों में हो?

नहीं। शब्दों में स्याही है, आकार है, ध्वनि है, अर्थ है। शब्द दिखते हैं, सुनते हैं। समझ में आते हैं।

तुम इस सबसे परे चले गए हो...

चार

हम तुम्हें लेने जा रहे हैं।

किसने सोचा था, एक दिन हम इस तरह जाएँगे? क़तार में, चींटियों की तरह? तुम्हें लेने?

हम तुम्हें लेने जा रहे हैं।

आषाढ़ की द्वितीया है। कृष्ण पक्ष की। इस भीषण गर्मी में जाने कैसी पड़ी होगी तुम्हारी देह, पुरखों की देहरी पर?

हम तुम्हें लेने जा रहे हैं।

तुम उड़ गए। आज सवेरे तुम अपने हंस के साथ उड़ गए। सुबह साढ़े आठ बजे।

मैं क्या कर रही थी उस वक़्त? अच्छी-भली रोज़ की तरह इधर से उधर चल-फिर रही थी। दिल में कहीं छाया नहीं, कोई पुकार नहीं। भटकन नहीं। यह अहसास तक नहीं कि तुमने अपना बोरिया-बिस्तर बाँध लिया है। कि तुम जा रहे हो। कि तुमने जाते-जाते हमसे कुछ भी नहीं कहा।

क्या तुम्हें मालूम था, तुम जा रहे हो?

हम तुम्हें लेने आ रहे हैं।

जस भाई ने फ़ोन पर कहा, सुबह सीने में दर्द हुआ। दिल की तकलीफ़ हो सकती है, यह तो किसी के ध्यान में ही नहीं आया। न इससे पहले कभी हुई ही थी। जब तक शक हुआ, अस्पताल लेकर पहुँचे, हालत बिगड़ चुकी थी... डॉक्टर ने दिल में टीका लगाया। कहा, अगर पाँच मिनट निकाल गए, तो बच जाएँगे...टीके के तुरन्त बाद उन्होंने आँखें खोलीं। सिर हिलाया। नहीं...उसके दो मिनट बाद ही दूसरा दौरा आया। बस वहीं, मेज़ पर सब ख़त्म।

सब ख़त्म?

सब ख़त्म?

कुछ कहते थे, किसी के लिए? कहना चाहते थे कुछ?

नहीं।

किसी को याद किया?

नहीं?

किसी को भी नहीं?

किसी को भी नहीं।

आँखें क्या कहती थीं?

पीड़ा में थे बहुत।

उन्हें मालूम हो गया था, कि जा रहे हैं?

शुरू में नहीं। टीका लगने के बाद जब आँखें खोलीं, और ना में सिर हिलाया, तब मालूम हो गया था उन्हें।

याद किया था उन्होंने किसी को? कहना चाहते थे कुछ?

हमें कभी पता नहीं चलेगा। इतने भरे-भराए परिवार के सरदार। हर किसी से मोह का बाँधा हुआ तार। कहीं भी नहीं अटके तुम? एक बार भी मुड़कर नहीं देखा? कोई ज़िद थी, न मुड़कर देखने की? जाते समय यूँ बिलकुल अकेले। बिलकुल निहत्थे। एक भी अपना पास नहीं?

ᗢ

हम नहीं थे उनके पास। उनके अपने वहाँ थे। पुरखों की मिट्टी उनके पास थी। दादा की समाधि। छोटे चाचा की राख। कहते हैं, जब समय आता है तो गुरुजन लेने पहुँच जाते हैं। और पितर। जीव को वे सब वैसे ही ले जाते हैं, गोद में, जैसे हम नवजन्मे को लाते हैं। किसे पता?

यह सच है, अन्तिम समय आया तो अपने आप चलते-फिरते पहुँच गए अपने पुरखों के घर। वर्ना वहाँ था क्या? हवेली तक नहीं बची थी...कहते थे, *मर जाऊँ तो मेरी मिट्टी गाँव लेकर जाना।*

किसके पास जाना है वहाँ, दारजी?

जवानी में तो कभी मुड़कर नहीं देखा। और अब?

चले जाना था, क्या इसलिए?

जैसे अपनी परिक्रमा ख़ुद ख़त्म करके गए हैं...

७३

कुछ कहते थे?

नहीं।

कुछ कहते थे?

कहा न, नहीं।

कुछ भी नहीं?

हाँ, याद आया, जब उन्हें जीप में डालने लगे, अस्पताल के लिए, तो उन्होंने आँखें खोली थीं।

फिर?

बोले, यारो, मुझे न ले जाओ। मुझे ख़राब करेंगे।

उस्तरे का डर होगा। कहीं ऑपरेशन न कर दें। गुरु के सिख की मर्यादा न भंग कर दें।

जब दर्द उठा, क्या कर रहे थे?

पाठ कर रहे थे...पूरा करके ही उठे। बोले, जस, कुछ दर्द-सा मालूम होता है।

फिर?

हमने दर्द की गोली दी। चाय के साथ। वह बाहर आ गई...

फिर?

हमें कहीं जाना था। बोले, तू भी तैयार हो जा। कुर्ता पहन रहे थे। एक बाँह पहन ली थी। दूसरी नहीं उठी...लेट गए। हम उन्हें उसी तरह अस्पताल ले गए। तुरन्त।

कुछ कहना चाहते थे नहीं कुछ कहना चाहते थे नहीं कुछ कहना चाहते थे नहीं
कुछ कहना चाहते थे नहीं कुछ कहना चाहते थे नहीं कुछ कहना चाहते थे नहीं
नहीं नहीं नहीं नहीं नहीं नहीं नहीं नहीं नहीं नहीं नहीं नहीं नहीं

डिकी, तुझे कुछ महसूस हुआ था उस सुबह?
नहीं।
हैप्पी, तुझे?
नहीं।
रबी?
नहीं।
पिकू?
नहीं।

जब किसी का नम्बर ही नहीं मिलाया उन्होंने, तो घंटी कैसे बजती?

कुछ कहना चाहते थे नहीं कुछ कहना चाहते थे नहीं कुछ कहना चाहते थे नहीं
कुछ कहना चाहते थे नहीं कुछ कहना चाहते थे नहीं कुछ कहना चाहते थे नहीं
नहीं नहीं नहीं नहीं नहीं नहीं नहीं नहीं नहीं नहीं नहीं नहीं नहीं...

किसी का दिल नहीं बैठ रहा था?

मेरा दिल बुझ रहा था। माँ कहती हैं। सुबह से ही। मैं कहूँ, पता नहीं क्या बात है, इन दिनों रोज़ ही कुछ ठीक-सा नहीं लगता। बस, ग्यारह बजे जस का फ़ोन आ गया अमृतसर से। मुझे क्या पता था...

जो हम मर जाएँगे, तो तुम क्या कर लोगे? रो ही लोगे न?

पिकू शिकागो जाने वाली है, शायद हमेशा के लिए। एक दिन तुम उससे कहते हो।

और हम मर जाएँगे, तो आप क्या कर लोगे? रोकर चुप ही हो जाओगे न?

उसे मालूम है, तुम भीतर से कितने कोमल हो, कितने पिलपिले। फिर भी तुम्हारा कोई भूला-भटका भावुक क्षण उसे दुविधा में डाल देता है। तुम्हारे सामने वह बड़ी मज़बूत बनी रहती है, अकेले में रोती है...

इसके बाद कोई कुछ नहीं बोलता। कनु सबको चुप करा गई है। हम सब कैसे जीवित हैं, उसके बिना। आठ साल हो गए...

हम तुम्हें लेने आ रहे हैं।

पिकू आ रही है तुमसे मिलने। दो साल बाद। सात समुंदर पार से। एक बार बिछुड़ें तो किसे मालूम, फिर कब, किस हाल में मिलना हो?

हम धरती पर दौड़े आ रहे हैं, वह आकाश में।

हम तुम्हें लेने आ रहे हैं।

यह जल का स्थान है, कंठ में। जहाँ काँटा-सा लग रहा है न, वह...

जब कंठ नहीं होता, प्यास कहाँ लगती है?
जब कंठ नहीं होता, पितर हमारा भेजा जल कैसे पीते हैं?
आँखों से? कि अँजुरियों से?
उनके पास तो कोई-सी भी देह नहीं होती।
तुम्हें पता तो चल जाएगा न, कि तुम्हारे लिए जल आया है?

अब रबी तुम्हें जल भेजा करेगा। ऊपर। अच्छी तरह से पी लिया करना तुम। गटागट। जैसे तुम हमें पिलाते थे छुटपन में। ठीक है?

नहीं तो हम, तुम्हारी देवियाँ, तुम्हें प्यासी देखा करेंगी...

तुम दोनों आस्तीनें पहने सो रहे हो। कुर्ते के बटन खुले हैं। दाढ़ी के केश ज़रा हटा दूँ, तो हाथ वहाँ तक पहुँच जाएगा, जहाँ तुम्हारा दिल है...बनियान के नीचे।

यहाँ टीका लगा था, दारजी? आज सुबह?

तुम हमें कभी टीका लगवाने नहीं ले गए। आया को भेज देते थे। ख़ुद मोड़ पर खड़े रहते थे। वहाँ भी हमारी चीख़ें पहुँच जाती थीं। तुम्हारे दिल को नोचती हुईं। कई-कई रातें तुम रुआँसे बैठे रहते थे। हमारे सिरहाने। जब तक टीका ठीक न हो जाता। उसका फफोला बैठ न जाता...

यहाँ टीका लगा था, दारजी, दिल में?

कैसे सो रहे हो। शान्त। जैसे मालूम ही नहीं है, कि अधूरी रह गई हैं हमारी बातें। हल्की-सी स्मित है। हँस रहे हो? हमें चिढ़ा रहे हो, जैसे बचपन में चिढ़ाते थे? आधी कहानी पढ़कर बीच में छोड़ देते थे। और हम भूतों के डर से तुम्हें गुदगुदी करते थे। कहानी पूरी करो न!

मैं अच्छी तरह झुककर तुम्हें देखती हूँ। हर कोण से। तुम्हारा कोई पता नहीं। मज़ाक़ ही सूझा हो तुम्हें। मालूम है, ऐसे मज़ाक़ से जान जा सकती है किसी की?

मैं तुम्हें टटोल रही हूँ।

हम तुम्हारे बच्चे तुम्हें टटोल रहे हैं। चारपाई के चारों ओर से। एक साथ। यदि वह यहाँ कहीं है, तो जाने न पाए।

मृत्यु को टटोल रहे हैं हम। वह कहीं नहीं है। वह तुम्हें लेकर कब की जा चुकी है...

यह तुम्हारी मुट्ठियाँ बँधी हुई क्यों हैं? हमने तो सुना था, मृत्यु सब मुट्ठियाँ खुलवा देती है...

वह अपने पुण्य साथ लेकर गए हैं...अधिकतर तो मनुष्य जो पाप करता है, उसके पुण्य उन्हें अनकिया करने में ही ख़र्च हो जाते हैं। कोई बिरला ही ले जा पाता है अपने साथ अपने पुण्य। घर आए एक महात्मा हमसे कहेंगे। क्या मालूम, कोरा दिलासा ही दे रहे हों।

हम तुम्हें लेने आ गए हैं।

अब जो तुम यहाँ लेटे हुए हो, न देवताओं के हो, न दुनिया के। सिर्फ़ हमारे हो।

मैं। इस शरीर में कौन है, जो 'मैं' है? यह हाथ है, यह पैर है, यह माथा है, यह मुख है। 'मैं'। जिसे हम 'मैं' कहते हैं, कौन है वह?

बरसों पहले की दुपहर। तुम डाइनिंग टेबल पर बैठे माँ से उपनिषदों की चर्चा कर रहे थे।

कौन है 'मैं', दारजी?

तुम्हें अभी जाना था? अभी एक सप्ताह पहले तो हमारी बात हुई थी, फ़ोन पर। *मैंने बड़ी ख़ुशी-ख़ुशी तुम्हें बताया था, दारजी, मैंने थोड़ी सी संस्कृत सीखी है। यहाँ गर्मियों में संस्कृत बोलने का शिविर लगा था, एक हाउसिंग सोसायटी में। बच्चों का। उनके साथ बैठकर सीखी है। कहते हैं, भगवद्गीता की संस्कृत सबसे आसान है। आप मुझे पढ़ा देंगे?*

पहले तो यह देखना पड़ेगा, कि संस्कृत आई कितनी है।

अच्छा न, इम्तहान ले लेना। यह बताओ, कितने दिन में हम पढ़ लेंगे गीता?

कम-से-कम आठ-दस दिन तो चाहिए।

तो मैं आ जाऊँगी अगले हफ़्ते। अब यहाँ के काम भी सब ख़त्म हो गए।

सब ख़त्म हो गए काम। कौन जानता था, कि हमारे पास आठ दिन भी नहीं हैं? मेरे भाग्य में नहीं था तुम्हारा ज्ञान। नहीं तो इतने वर्ष लगते, तुम्हारे पास पोथी लेकर बैठने में!

क्या सीखा? कुछ नहीं। सब कूड़ा था। उसे साफ़ करने में ही इतने क़ीमती वर्ष निकल गए...

ଓ

चलो। अब चलें।

रात के ढाई बजे हैं।

हम जा रहे हैं, दादा। हम जा रहे हैं चाचा। दारजी आपसे मिलने आ गए थे। हम उन्हें लेकर जा रहे हैं। वहाँ भी एक घर है, जो इनकी राह देखता है।

जब मैंने पिता की समाधि बना दी, जैसा उन्होंने कहा था, उनके शव को नमक लगाकर ताबूत में रख गाँव के बाहर अपने कुएँ वाले खेत में दबा दिया, तो उसके एक साल बाद वह मेरे सपने में आए। बोले, छत ठीक नहीं बनी। यहाँ बारिश होती रहती है... मैं बड़ा बेचैन हुआ। मेरा बाप सुख से नहीं।

*मैंने दुबारा से सब समाधि बनवाई। पक्की। उसके ऊपर छत डलवाई। पानी कहीं से भी भीतर न चुहाए। उसके बाद नहीं दिखे सपने में...*एक बार चाचा ने बताया था।

दादा मरने वाले थे, तो बाप के कुएँ पर आ गए। दारजी को जाना था, तो गाँव पहुँच गए...

ଓ

कुआँ। हमारे परदादा ने खुदवाया था कुआँ। प्यासे राहियों के लिए। उन दिनों बड़ा पुण्य माना जाता था, कुआँ खुदवाने का। सरदार सुन्दर सिंह। पुश्तैनी जागीरदार, ऊपर से अंग्रेज़ों के थानेदार! कहते हैं, बड़े सुन्दर थे। उन्हें देखने के लिए पंछी रुक जाते थे आकाश में...बड़ी बुरी मौत मरे। जवानी में ही। दादी ने बताया था, *किसी ने टोना कर दिया था।*

कैसे?

बस समझो, पागल ही हो गए थे। ब्याहे हुए थे। बाल-बच्चेदार। तेरा दादा साल-भर का रहा होगा। कहें, मुझे हर तरफ़ करमो ही करमो दिखती है।

करमो कौन थी?

भाई की बीवी...कभी सुनी है ऐसी बात?

करमो कैसी दिखती थी?

वह भी बहुत सुन्दर थी। देखते मैली होती थी...

उस पर टोना करने का शक क्यों हुआ?

बाल-बच्चा नहीं हुआ था न!

उसका घरवाला कैसा था?

काला-कलूटा।

और सुन्दर सिंह की पत्नी?

साधारण।

एक ही घर में रहते थे सब?

हाँ, बाद में अलग होना पड़ा...

उसके बाद?

तेरा परदादा फिर जिया नहीं ज़्यादा। कोई डेढ़ साल ज़िन्दा रहा होगा। बड़ी बुरी हालत थी उसकी। बड़े इलाज करवाए, झाड़ू फिरवाए, पर करमो दिखने से नहीं हटी। थानेदारी और जागीरदारी की अलग बुरी हालत थी। एक दिन जादू खेलते-खेलते मर गया बेचारा! दादा तेरा ढाई साल का था तब...

इतनी बड़ी जागीरदारी और सँभालने वाला एकमात्र वारिस ढाई साल का? ज़रूर, हमारे घर पर किसी की छाया है।

और करमो का क्या हुआ?

बड़ी बदनामी हुई। एक साल बाद उसका ख़सम भी चलता बना। गाँव में उसका रहना मुहाल हो गया था...

कितने साल ज़िन्दा रही वह?

पापिन थी वह। जल्दी मौत थोड़े ही आनी थी उसको। बुढ़िया होकर मरी। पागल होकर....

आपने देखी थी?

हाँ। अन्त समय में हमने ही सेवा की। तेरा दादा भतीजा जो था।

दादी...हो सकता है, उनमें प्रेम हो गया हो?

तू रहने दे। प्रेम-प्यार शहरी बातें हैं। गाँवों में इसे यही कहते हैं। टोना।

तो यह बात थी। दादा जो भटकते फिरते थे, इसलिए। बाप की जवान मौत नहीं भूलती होगी और घर में करमो चाची नज़र आती होगी! अच्छा हुआ, संन्यासी हो गए। पागल भी हो सकते थे वह, फाँसी लगाकर मर भी सकते थे! क्या पता चाहते रहे हों, और कर न पाए हों? कौन जाने, दारजी में उनकी यही बात आ गई हो...

छुटपन में दारजी नहीं लेट जाते थे क़ब्र में जाकर, माँ से रूठकर?

माँ ढूँढ़ने निकलती थी अपनी महरियों के साथ, सब जगह खोजती—

मौलवी के यहाँ, पंडित के यहाँ, कुएँ पर। कोई पता नहीं। फिर कोई जनी कहती, *मढ़ियों में चलकर देखें?* दादी को दूर से ही दिख जाते थे तुम। अपनी क़ब्र खोदकर लेटे हुए। गर्दन तक मिट्टी में दबे हुए...मुँह तुम छोड़ देते थे। क्या साँस लेने के लिए? दादी धीरे-से औरतों को कहती, *उधर मत देखना, लेटा रहने दो।* जब सब गुज़र जाने को होतीं, तुम मरी-सी आवाज़ में कहते, *भाभी, मैं यहाँ हूँ...*

हाय, मैं मर जाऊँ। मेरा वीर यहाँ क्या कर रहा है? दादी दौड़ी चली आती। वे सब तुम्हें मिट्टी में से निकालतीं, गोद में उठाकर घर ले आतीं।

एक बार मैंने उनसे क़ब्र वाली बात पूछी, तो खिसिया गए दारजी।

तू कहाँ थी तब?

आप बताओ?

छत पर थी तू। मुझ छोटे से को देखती! एक चिड़िया।

यह सच है! ज़रूर सच है!

ଓ

दादा, अब तो आप ठीक से हैं? अब तो वहाँ पानी नहीं आता?

पता नहीं, यहाँ कहाँ होगी उनकी समाधि? अँधेरे में दूर-दूर तक फैले इन खेतों में। अब तक तो अपने देस चले गए होंगे समाधि को छोड़कर?

कितने साल रूह रहती है अपनी क़ब्र में? किसी सयाने से पूछूँगी।

दादा, आप वहाँ हैं या नहीं? हम अपने दारजी को ले जाएँ?

ଓ

हम अमृतसर से गुज़र रहे हैं। दारजी के बचपन की गलियों से।

सत्तोवाली गली दरबार साहिब के दूसरी ओर है। पीछे की तरफ़। वहीं अमीर सिंह जी का निवास था। सबका ब्रह्मचारी बाना था। दारजी का भी।

छोटे ही थे तब। चौदह-पन्द्रह साल के। तीन साल उसी बाने में रहे। गुरुजी के पास। बाद में जब वेष छोड़ दिया, तब भी आत्मा वही रही। फ़क़ीरों वाली।

बड़ी दूर-दूर से बच्चे आते थे अमीर ज़मींदारों के। कैसी आकांक्षा थी उस समय के पिताओं की—हमारे बच्चे बड़े होकर संस्कृत, अरबी, फ़ारसी के विद्वान बनें! दारजी ने अपनी पहली किताब अपने पिता और गुरुजी को समर्पित की तो इसी बात को याद किया था...

और आज?

कहते हैं, एक बार दारजी की आँखें दुखने आईं तो संत अमीर सिंह जी ने उनका बहुत इलाज किया। शिष्य अपने बच्चों की तरह ही पाले जाते थे तब। वेद-वेदांत के अलावा आयुर्वेद के भी बड़े ज्ञानी थे वह। ख़ुद जड़ी-बूटियाँ तोड़कर लाते थे, अपने हाथों से उन्हें कूटकर तैयार करते थे...उन दिनों बिजली तो थी नहीं। दिये की रोशनी में उन्होंने दारजी की आँखों में ग़लती से साँप का तेल डाल दिया! जिस तरह दारजी बिलखे, उसी से उन्हें अपनी ग़लती का पता चल गया। पर अब क्या हो सकता था? काफ़ी कोशिश की, दूसरी दवाओं से, कि असर जाता रहे, पर नाकाम।

मेरे पन्द्रह साल के दारजी, अलूएँ, मूँछें भी नहीं आई थीं उनकी, मरण किनारे पहुँच गए...अन्धा होना तो निश्चित ही था।

तब अमीर सिंह जी ने अपनी विद्या को कसौटी पर कस संपट पाठ रखा। बड़ी विधि से किया जाता है यह पाठ। मृत्युंजय जप जैसा ही प्रभाव मानते हैं इसका। एक सप्ताह चलता है यह। रोगी की चारपाई और गुरु ग्रंथ साहिब के बीच एक परदा टँगा रहता है और ज्ञानी गण पाठ करते हैं। उच्चारण की शुद्धता का बहुत महत्त्व है इसमें। केवल रोगी को सुनाया जाता है यह।

दारजी, मेरे छोटे से दारजी, उसी पाठ से बचे थे। बस, उनकी उन सुन्दर आँखों में हमेशा के लिए ललाहट आ गई थी। शिवजी की नशीली आँखों की तरह। पर शिवजी तो उनका प्यार का एक नाम था ही!

दरबार साहिब में माथा टिका दें?

अमृतसर की गलियों में अमृत वेला हो आई है। बड़ी सुच्ची रूह थे, जो जाते-जाते सबको दरबार साहिब में माथा टिकवा दिया। दुनिया तरसती है यहाँ भोर-समय दर्शन पाने के लिए।

चलो दारजी, माथा टेकना है?

तुम मेरे साथ आ रहे हो न? वहाँ गाड़ी में तो नहीं लेटे हुए, बर्फ़ पर? रबी, तू आवाज़ लगा। कहते हैं, इस वक़्त रूह सब सुनती है। अपना रास्ता ढूँढ़ नहीं पाती बस...इसीलिए सयाने कहते हैं, उसे आवाज़ लगाओ, तो पीछे-पीछे आने लगती है...

चलो दारजी, माथा टेकें।

अब तो सवाल ही नहीं उठता, कि तुम न आओ। यहाँ पहुँचते ही पहला काम होता था, चलो दरबार साहिब में माथा टेकें। हाज़िरी लगवाएँ।

आज गुरु का क्या हुक्म है? हे गुरु रामदास, हमारे दारजी की आख़िरी हाज़िरी क़बूल करना।

होय निमाणा ढह पया
दरगह मान निमाणा पावै...

आसा दी वार में से गायन हो रहा है। आज का यह हुक्म है हमारे लिए। तो दारजी, आप निमाने होकर गिर गए थे, आख़िरी वक़्त? आपके लिए गुरु ग्रंथ साहिब कह रहे हैं, कि दरगाह में मान मिलेगा? सुन रहे हैं न सब?

सुन रहे हैं ज़रूर। इस समय आत्मा सब सुनती है।

चलो अब। घर चलें।

अपना पिता कभी मुर्दा नहीं लगता...

अन्त तक उसका चेहरा, उसके हाथ, उसकी देह अपनी ही देह का अंग लगते हैं...अपना मांस, अपना रक्त। जैसे मृत्यु के बाद वह हमारी सन्तान बन गया हो! बर्फ़ पर पड़ी उसकी देह सफ़र में हिचकोले खाती है, तो तुरन्त उसके माथे पर हाथ जाता है! ज़्यादा झटका न लगे। *सो रहे हैं।* टाँग टेढ़ी होती है, तो सीधा करना ज़रूरी लगता है। *अकड़ न जाए।* कंबल बिलकुल सही तरह से ढका होना चाहिए, उसके नीचे भले बर्फ़ हो। *हमें नहीं ओढ़ाते थे रात-रात भर?*

अपना पिता स्मृति के अन्त तक वैसा ही रहता है। सोया हुआ। अन्तहीन समय के लिए सो गया पिता...

माँ या पिता में से कोई मृत्यु को जाता है, तो इस बार सन्तान अपनी नाल को काटती है। जैसा बहुत पहले उसके जन्म के समय उन्होंने किया था... यह एक ज़ंग लगा चाक़ू है। इस प्रसव में कोई मदद करने वाला नहीं। अपने रक्त, अपनी लोथ में से ख़ुद ही धीरे-धीरे उठना पड़ता है...बस, पितर देखते हैं, अँधेरे में खड़े होकर।

फिर एक दिन हम बाहर निकलते हैं, क्रूर दुनिया में। इस घटना के बाद हम बड़े नहीं होते। सीधे बूढ़े हो जाते हैं...

ଓଃ

अच्छी तरह देख लो यह घर। सारे कमरे, रसोई-ग़ुसलख़ाने, सब घूम लो अच्छी तरह। हमें देख लो अच्छी तरह। ये रहीं तुम्हारी पुस्तकों की अलमारियाँ। यह पढ़ने की मेज़। यह नीला बक्स, तुम्हारे नोट्स वाला। ये कपड़े। केसरिया दस्तारें। यह तौलिया-बनियान। इसमें तुम्हारे पसीने की गंध है...बिलकुल वही बचपन वाली गंध...आँख बन्द करके पहचान सकती हूँ मैं। इसे मैं रख लूँ?

नहा-धो लिये? नये वस्त्र पहन लिये? पाँचों ककार सजा लिये? बड़े सुन्दर लग रहे हो। लगता ही नहीं, तीस घंटे हो गए...बाँहें भी यों आसानी से मुड़ गईं, जैसे नये कपड़े का बड़ा चाव हो! कहीं कोई अकड़ाव नहीं...थोड़ी देर रुक न जाएँ? क्या पता, तुम अपनी देह छोड़कर कहीं घूमने चले गए हो।

अभी लौट आए और हमारे पास तुम्हारी देह न हुई, तो क्या करेंगे हम? चेहरा देखो, कैसा चमक रहा है! बड़ी ख़ुशी हो रही है जाने की?

कोई बात नहीं कहनी तुम्हें?

चलो फिर। कोई बात नहीं कहनी तो।

चलो दारजी!

रबी, घड़ा भर लिया है न?

ଓଃ

फिर कर्ण ने कहा, हे कृष्ण! मेरी एक ही अन्तिम इच्छा है। मेरा दाह-संस्कार वहाँ करना, जहाँ मुझसे पहले कोई जलाया न गया हो...

कृष्ण ने कहा, ऐसा ही हो।

तब भगवान ने अपने दिव्य चक्षु खोले। क्या देखते हैं—कि सारी सृष्टि में चिताएँ ही चिताएँ जल रही हैं। एक भी जगह ऐसी नहीं, जहाँ इससे पहले मुर्दा न जलाया गया हो! अब क्या करें? तब फिर उन्होंने अपने बाएँ हाथ पर कर्ण की चिता बनाई। दायाँ हाथ तो उनका भ्रष्ट हो चुका था, जब वामन के अवतार में उन्होंने भिक्षा ली थी...सो, यह जो कर्ण हुआ था, इस तरह उसने मुक्ति पाई...

दारजी, आपके लिए श्रीकृष्ण का कोई हाथ हम कहाँ से लाएँ?

ଓଃ

जलाना नहीं उन्हें, झुलसाना नहीं
हे अग्नि!
नष्ट मत करना समूचा उन्हें, दुख मत देना
बिखेरना नहीं उनकी त्वचा, न देह
जब उन्हें तैयार कर लो अच्छी तरह से
हे जातवेद!

भेज देना उन्हें हमारे पितरों के पास।
जाएँगे जब वे संसार में आत्माओं के
करेंगे सेवा भली प्रकार से
देवों की।

सूर्य को पहुँचें तुम्हारे नेत्र
वायु को पहुँचे तुम्हारी आत्मा।
जाओ तुम स्वर्ग को या मर्त्य लोक को
जैसे भी किये हों तुमने कर्म।
जाओ तुम जल में
यदि वहाँ तुम्हें सुभीता हो
जाओ तुम वृक्षों में
यदि वहाँ तुम्हारी इच्छा हो।

जो अजन्मा है, शाश्वत है,
हे अग्नि! उनके उस अंश को
आँच देना अपनी;
तुम्हारा ही तेजस, तुम्हारी ही लौ
करें उनका भक्षण।
हे अग्नि देव!
रूप धरो कोमल
ले जाओ इन्हें हौले-से
पुण्यात्माओं के संसार में...

चुग लिये हमने तुम्हारे फूल। वह अस्थि नहीं मिली, जिस पर बिधि-माता अपने लेख लिखती है...

पंडित सयाना नहीं था। पिछले साल दादी को लेकर आए थे, तो पंडित ने हाथ में थमा दी थी अस्थि, *लो देख लो, यह है माथे का लेख! आज तक नहीं पढ़ा गया संसार में किसी से।*

काफ़ी देर हम बारी-बारी उसे हाथ में लिये खड़े रहे। तुम भी। याद है?

दारजी, कुछ समझ में आ रहा है?

तुमने वह मुझे थमा दी थी चुपचाप और पीछे हट गए थे। क्या पता, कुछ समझ में आया हो और न बताना चाहते हो? तुम थे ही ऐसे...आधे से ज़्यादा हमारा जीवन तुम्हारी चुप्पी को पढ़ने में निकल गया। और आज सुबह—नहीं मिली तुम्हारी अस्थि। कोई बड़ी बात नहीं, जो तुमने किसी के पढ़ने से पहले ही मेट दिये हों उसके हर्फ़! रात-भर तुम यहाँ अकेले रहे। चिताओं के बीच। हम तो घर में थे।

क्या पता, तुमने पीछे से क्या किया? तुम्हारे साथ पीछे से क्या हुआ?

ଓ

चलें घर?

पंडित कह रहा था, *यहाँ टाँग दीजिए उन्हें, एक बार यहाँ लाने के बाद घर नहीं ले जाते। और भी कई लोग हैं यहाँ।*

होने दो। हम गुरुसिख हैं। हम नहीं मानते इन बातों को। अपने घर ही तो जा रहे हैं दारजी। ख़ुद खड़े होकर बनवाया था। किसी भी रूप में आ सकते हैं वहाँ। और अब तो घर ही नहीं, हम बच्चे भी हैं उनकी जगहें। उनका जहाँ मन हो, आ-जा सकते हैं। अभी तो इसी वायुमंडल में है उनका मन, बस शरीर बिखर गया है। अपनी सबसे छोटी बेटी का इन्तज़ार भी तो करना है। रास्ते में है वह। बड़ी दूर से आ रही है।

चलें दारजी?

पिकू कल रात तक पहुँचेगी। उसके आने पर ही हम जा सकते हैं हरिद्वार। बड़ी जल्दी मच रही थी न तुम्हें हरिद्वार पहुँचने की? दादी को लेकर गए थे पिछले साल और कह दिया रबी से—*मुझे भी यहीं लेकर आना।*

क्यों? कीरतपुर साहिब नहीं? उसने पूछा।

वह तो अभी कल बना है। यहाँ हमारा परिवार चार सौ सालों से आ रहा है...और हाँ, बही में नाम ज़रूर लिखवाना।

घर चलो अभी तो। बल्कि पहले मजनूँ के टीले में माथा टेक लो। तुम्हारे बाबा नानक का स्थान है। कहीं बाबा कहें नहीं, लेकर नहीं आई पिता को।

चलें फिर?

मैं गुरुबाणी में फिर दिव्य-संकेत ढूँढ़ रही हूँ। हाथ में तुम्हारी थैली है। कीर्तन हो रहा है—*नानक घर आ बैठ्या, कुछ न बोले...*

दारजी, आप नानक के घर जाकर बैठ गए हो, मुँह से बोल नहीं रहे हो? न सही। तुम जानो, तुम्हारा बाबा जाने।

सारी शाम हम तुम्हें कबीर सुनवाते रहे। बड़ा डूबते थे तुम कबीर वाणी में। फिर भाई बलदीप सिंह अपनी मृदंग ले आए।

पिछली बार आया था, तो दारजी को कुछ अप्रचलित पुराने ताल सुनाए थे। ड्योढ़े ताल वाले...बहना, अब आप यह सुनिए। इसमें पन्द्रह मात्राएँ हैं। यह पाँच ताल है। और यह—इसमें सत्रह मात्राएँ हैं—शिखर ताल। दारजी बहुत पैठे हुए थे संगीत में। मैंने उन्हें आधी मात्रा वाले ताल सुनाए, तो ख़ुश हो गए। कहा, यार, तू जल्दी-जल्दी आया कर...एक फ़िल्म बना रहे थे हम उन पर, पौने घंटे की रिकॉर्डिंग हो गई थी। अब उसी को ठीक-ठाक करना पड़ेगा...

दारजी, अच्छा लग रहा है न यह संगीत? बलदीप आज आख़िरी बार आपको सब सुनाना चाहते हैं। इसी तरह बजती थी मृदंग गुरु-घर में! इन्हीं विलक्षण बन्दिशों में गाई जाती थी गुरुबाणी। एक बार आपने भी तो बजाई थी मृदंग, जब हम छोटे थे! हम अपना रियाज़ कर रहे थे, मामू संगत दे रहा था, जब आपने खेल-खेल में उससे ले ली थी। याद है आपको?

कहाँ हैं दारजी?

पिकू आ गई है। मैं तुम्हारे कलश की ओर इशारा करती हूँ—

न पिकू, रोना नहीं। उनका रास्ता ख़राब हो जाएगा...गुरनाम सिंह अंकल ने कहा है, तुम्हारे पिता ब्रह्मज्ञानी थे और तुम रो रहे हो? पता है, आज सारी शाम हम उन्हें मृदंग सुनाते रहे। अभी सुख में होंगे। पिकू, रोना नहीं...

—अंकल, वह हमें देख भी नहीं सके आख़िरी बार। क्या पता, क्या था उनके दिल में?

—अरे, बहुत अच्छा हुआ, जो तुम लोग नहीं थे। उनका ध्यान अटक जाता किसी न किसी में। फिर आदमी निकल नहीं सकता मोह के जंजाल से। पाठ करो! अपने पिता के लिए पाठ करो। उनका रास्ता आसान करो।

पिकू, पाठ कर। रो मत। रोने के लिए बहुत समय पड़ा है...और सारी ज़िन्दगी करना क्या है?

दारजी, मेरे दारजी! मेरे छोटे से दारजी!

मैं उनकी थैली सहला रही हूँ। हम हरिद्वार जा रहे हैं।

एक दिन उन्होंने मेरी गठरी को प्यार किया था। शायद इसी तरह? मेरी हड्डी जुड़वाने ले जाते थे। अब मैं उनकी अस्थियाँ लेकर जा रही हूँ, गंगा मैया के पास। एक दाँत चुपके से अलग रख लिया था, कि अपने पास रखूँगी हमेशा, वह यहाँ आते-आते चूरा हो गया है...पर्स में था। रास्ते में एक बार चोरी से देखा, तो आधी राख थी, आधी पहचान से परे एक छोटी-सी हड्डी। गंगा मैया इसे भी चाहती हैं। वह उन्हें समूचा चाहती हैं। ले लो, माँ! सब ले लो!

पर इसके बाद भी तो बचे रहेंगे वह। मेरे चेहरे में, मेरे नक़्शों में। वहाँ से कैसे माँगोगी उन्हें?

ੴ

गरब करत है देह कउ
छिन में बिनसे मीत...
जैसे जल ते बुदबुदा
ज्यों बालू की भीत...

नौवें गुरु ने कहे थे ये श्लोक, अन्तिम दिनों में, क़त्ल किये जाने से पहले।

यह बुदबुदा है, पिता का सिर? जिसे एक सिख भेस बदलकर उठा लाया था, सारी मुग़ल सेना के रहते?

यह सारा प्रेम, जो बाल गुरु गोबिंद के दिल में है, जिससे भविष्य में केशधारी सिखों का जन्म होगा, बुदबुदा है?

दारजी, आप बुदबुदा थे?

थैली हिलती है—

नहीं, नहीं...

ੴ

सरदार जी कैसे हैं?

हम अपने ख़ानदानी पंडे के पास पहुँचते हैं, तो वह पहला सवाल यही पूछता है।

पिछले साल बड़ी देर लगी थी उसे ढूँढ़ने में। दारजी अड़तीस साल बाद गए थे। दादा के फूलों के बाद जाना नहीं हुआ। करतार चाचा को जब यहाँ लाए, वह विदेश में थे। दादी के फूल लेकर गए थे, तो रबी ने घर देख लिया था। इस बार देर नहीं लगी...

उन्हीं को लेकर आए थे...

पिछली बार दारजी देर तक उसकी बहियाँ देखते रहे थे। सोलहवीं सदी तक का शिजरा लिखा था हमारा। दसौंधा सिंह जी के समय से भी पहले का...

इसकी एक नक़ल कर दीजिएगा। आपकी सेवा कर देंगे। उन्होंने कहा था। पंडित समझ रहा है, हम वह नक़ल लेने आए हैं।

ᗢ

सरदार दसौंधा सिंह जी। हमारे रक्त-पिता। भाई काहन सिंह के 'महान कोश' में ज़िक्र है उनका। गुरु गोविंद सिंह के बाद जो बारह सिख मिसलें बनीं, पठानों से टक्कर लेने के लिए, उनमें से एक निशान वाली मिसल के प्रमुख सेनापति।

कहते हैं, निशान वाली (केसरिया झंडा, जो गुरुद्वारों के बाहर ऊँचे स्तम्भ पर लगा रहता है) सेना इतनी बहादुर थी, कि उसे देखकर ही भगदड़ मच जाती थी। हरिमन्दिर साहिब के सरोवर वाले द्वार के पास ही था 'झंडा बुंगा'। बुंगा यानी रिहाइशी स्थान। बारहों मिसलों के बुंगे थे परिक्रमा में। निशान वाली मिसल क्योंकि ख़ास थी, सो प्रमुख प्रवेश-द्वार के पास सबसे पहला रहने का स्थान उसी को मिला था...1984 के हमले के बाद परिक्रमा में सब बुंगे तो नहीं रहे, लेकिन वह है।

जब सेना लौटती थी, वहीं लाची बेर के तने से घोड़े बाँधती थी, सरोवर में स्नान करती थी और फिर भीतर जाती थी, दरबार साहिब, माथा टेकने। तब ऐसा भव्य नहीं था हरिमन्दिर। स्वर्ण-मन्दिर तो वह बाद में बना। न ही लाची बेर पूज्यनीय थी तब। *(दारजी, हम आपके श्राद्ध का पाठ वहीं रखवाएँगे, झंडे बुंगे में, आपके असली घर में, गुरुघर में।)*

दसौंधा सिंह जी—हमारे शूरवीर पितर—कैसे दिखते होंगे वह? हो सकता है, हममें से किसी में उनके कान, आँख अब भी हों? फ़ौलाद का जिरहबख़्तर पहनते होंगे? ये भारी-भारी हथियार, जो अब म्यूज़ियम में पड़े हैं, उठाते होंगे? हम उनके बच्चे, पिद्दी पहलवान, चिड़िया के दिल वाले...

ᗢ

मैं आख़िर से सबके नाम पढ़ रही हूँ। *बसन्त कौर। करतार सिंह। साधु सिंह। करमो। सुन्दर सिंह...*

करमो के फूल लेकर दादा ही आए थे हरिद्वार? उस स्त्री के फूल, जो उनके मृत पिता के वियोग में पागल होकर मरी थी। कितने साल लगाए थे उसने मरने में! 'निपूती जादूगरनी' ने।

और दादा? मरने से चार दिन पहले कुएँ वाले घर में चले गए थे। कहीं बाहर से लौटे थे, तीर्थयात्रा करके। घर में बुआ का ब्याह धरा था। आते ही बोले, *तीन दिन बाद हम चलाना करेंगे...*

जवान बच्चे हँसते रहे कि आते ही माँ से लड़ाई हो गई। अबके कह रहे हैं, चले ही जाएँगे! (दारजी तो ख़ैर, तब दिल्ली में थे, हमारे पास। मैं दस महीने की थी तब।) चौथे दिन दादी का दिल सुबह से ही बैठना शुरू किया तो उन्हें शक-सा हुआ। कहीं सचमुच ही जा तो नहीं रहे? चाचा को भेजा, देखकर आ। वह सचमुच जा चुके थे। घर का कोई जीव उनके पास नहीं था...

परदादा सुन्दर सिंह जी के पास भी कोई नहीं रहा होगा। जादू निकलवाते हुए मरे थे...प्रेम में मरने वाले से ज़्यादा अकेला कौन होगा?

और अब दारजी! इस तरह आ गए गाँव, बिना किसी ख़ास काम के। पुरखों ने न बुलाया होता, तो कौन आ सकता था दिल्ली के जंजाल छोड़कर?

यह कैसा शाप है अकेले होने का? अकेले मरने का?

ଓଃ

पता नहीं, पंडित इतना समय क्यों लगा रहा है समझने में। थोड़ी देर बाद फिर पूछता है, *सरदार जी कहाँ हैं?*

*आपसे अभी अर्ज़ किया न, हम उन्हें ही लेकर आए थे...*रबी कभी-कभी दारजी की तरह बोलने लगता है, बहुत मुलायम होकर।

इस बार पंडित हमें ध्यान से देखता है। बारी-बारी से। चार बेटियाँ, एक बेटा। अचानक वह जान जाता है। जैसे पहली बार उसने हमारे चेहरों को देखा है। अनाथों को।

आप में सबसे बड़ा कौन है?

मैं आगे होती हूँ।

काफ़ी देर वह चुप रहता है।

अभी तो उनकी कोई उम्र नहीं हुई थी?

हमें मालूम है।

कमरे के बाहर जाने क्या देख रहा है? हमारी ही उम्र का यह पंडा। लोगों की मौतों का हिसाब रखने वाला ब्राह्मण। इसके पुरखों ने हमारे पुरखों को देखा होगा। उनके नाम लिखे होंगे...

आइए, सब लिख दूँ। क्या नाम बताया था आपने सरदार जी का?

ज्ञानी जागीर सिंह।

ज्ञानी कहती हूँ, तो आवाज़ लड़खड़ा जाती है। दादी कितने प्यार से बुलाती थीं उन्हें। *ज्ञानी।* आवाज़ काँपने लगती थी उनकी। हमेशा नहीं कहती थीं, दूसरे-दूसरे नामों से बुलाती थीं, पर जब वे बाहर धूप से आते थे, दोनों हाथों में सब्ज़ी-फलों के थैले उठाए उनके कमरे में से गुज़रकर पीछे जाते थे, तो वह पुकारती थीं।

ज्ञानी...

दारजी उनकी काँपती आवाज़ सुनकर समझ जाते थे, क्या बात है। जानबूझकर देर लगाते थे।

क्या बात है?

अरे, इधर तो आ।

वह जाकर सकुचाए-से खड़े हो जाते। दादी उनकी बाँह पकड़कर अपने पास बैठातीं।

आ गया मेरा ज्ञानी... बाहर कैसी धूप है।

हाँ, क्या बात है?

इधर तो आ, तेरी दाढ़ी चूमूँ।

वह उनकी धवल दाढ़ी अपने हाथों में ले लेतीं। उनकी अन्धी माँ...

हम दूसरे कमरों से आकर वहाँ खड़ी हो जातीं।

दाढ़ी वह अपनी आँखों से लगातीं। फिर होंठों से। हममें से किसी की हँसी उनके कानों में पड़ती, तो वह उस दिशा में मुड़कर देखतीं।

तुम लोग क्या कर रही हो यहाँ? जाओ यहाँ से। माँ-बेटे की बातें हैं ये। ऐसे ही तो बड़ा नहीं हो गया था तुम्हारा दार। ('जी' कहते हुए हमेशा उनकी ज़ुबान अटकती थी) *दाढ़ी चूम-चूम कर इसे बड़ा किया था मैंने। वर्ना यह क्या था? जब पैदा हुआ, लीर के टुकड़े जितना था...*

जाओ दारजी। अब जाकर अपनी माँ के पास रहो। एक ही पन्ने पर। देर-सबेर हममें से भी कोई पहुँचेगा, आप सबकी ख़ैर-ख़बर लेने को।

दारजी, आप भाभी की लीर का टुकड़ा थे?

तू क्या मुझे देख रही थी?

और नहीं तो!

कहाँ से?

हवेली की छत पर से। बहुत समय पहले की बात है। तब मैं चिड़िया थी न!

[1999]